KB075943

설흔

고전을 공부하는 소설가. 서울에서 태어나 대학에서 심리학을
전공했다. 지루한 회사 생활을 하던 중 박지원의 글을 읽고
눈이 번쩍 뜨였다. 그 뒤로 우리 고전에 관한 책들을 읽고 탐구하기
시작했다. 역사 속 인물의 삶과 사상을 들여다보고, 상상력을
보태어 생생한 인물 묘사를 바탕으로 글을 쓴다. 매일 밥을 먹듯,
잠을 자듯 자연스럽게 책 읽고 글 쓰는 삶을 꿈꾼다. 언젠가는
전 세계의 야구장을 돌아본 뒤 책으로 쓰려는 야심 찬 목표도
갖고 있다. 지은 책으로 『멋지기 때문에 놀러 왔지』, 『퇴계에게
공부법을 배우다』, 『공부의 말들』 등이 있다.

우리 고전 읽는 법

우리 고전 읽는 법

지금, 여기, 나의
눈으로 새롭게

설흔 지음

우리 고전에 관심은 있으나
어디서부터 손대면 좋을지 모르는 분들께

제 기억이 확실하다면 정민 선생의 『비슷한 것은 가짜다』가 돈을 주고 구입한 우리 고전 분야의 첫 책입니다. 실제 사실은 기억과 다를 수도 있겠지만 아무튼 제 머릿속에는 동물학자 콘라트 로렌츠를 어미로 여기고 따라다닌 새끼오리처럼 그렇게 각인되어 있습니다. 판권을 보니 2000년 2월에 나온 책입니다. 책 중간에 2000년 7월에 출력한 청계천 다리 관련 자료가 있는 것으로 보아 그 무렵에 책을 다 읽었던 모양입니다. 그 뒤로 저는 우리 고전, 그중에서도 산문을 꽤 열심히 읽었습니다. 박지원, 이덕무, 박제가 등의 이름이 붙은 책은 무조건 구입했고, 정민, 강명관, 안대회, 박희병 선생이 쓴 책도 대부분 사들였습니다. 그러니 저는 대략 20년 세월을 우리 고전을 읽으며 보낸 셈입니다.

고전 산문에 관한 저의 보잘것없는 이력을 글머리부터 내미는 건 제가 아마추어라는 사실을 밝히기 위해서입니다. 저는 고전 산문을 체계적으로 공부한 적도 없고 한문을 잘 읽지도 못합니다. 20년 이력을 내세웠지만 그 기간 내내 다른 책은 쳐다보지도 않은 채 고전 산문만 읽었던 것도 아닙니다. 저는 소설에 미친 인간이라 도저히 그렇게는 할 수 없습니다. 그럼에도 『우리 고전 읽는 법』이라는 전문가 냄새 풀풀 풍기는 제목으로 책을 내게 된 이유는 두 가지입니다. 하나는 글을 쓰면서 그동안 읽었던 고전 산문을 되돌아보는 시간을 갖기 위함이고, 다른 하나는 제대로 알려지지 않은 고전 산문의 아름다움을 평범하고 미숙한 언어로 전하는 것도 어느 정도는 의미가 있으리라 여겼기 때문입니다.

　경고 내지 주의 사항을 먼저 전하겠습니다. 대충 눈치 채셨겠지만 이 책은 고전 산문을 처음 접하거나 많이 읽지 않은 분들, 관심은 있으나 어디서부터 손대면 좋을지 모르는 분들을 대상으로 합니다. 바꿔 말하면 아마추어가 아마추어를 위해서 쓴 책이라는 뜻입니다. 고전 산문에 조예가 깊은 분들은 굳이 이 책을 읽을 필요가 없다는 뜻이기도 합니다. 그래도 읽고 싶은 분들이 있다면 물론 말리지는 않겠습니다.

　경고 내지 주의까지 마쳤으니 이 책의 구성 내지 특성 몇 가지만 말씀드리겠습니다.

• 이 책에서 다루는 우리 고전은 모두 조선 시대 작품임을 알려 드립니다. 그 이유는 일단 조선 시대 작품들이 꽤 훌륭하며, 그 이전 시대 산문은 제가 잘 모르기 때문입니다(조선 시대 산문을 잘 안다는 뜻은 결코 아닙니다!).

• 우리 고전을 읽는 방법은 여러 가지가 있겠지만 저는 고전 산문을 이해하는 데 도움이 되는 몇 가지 키워드, 지금 시대에도 돌아볼 만한 가치가 있는 몇 가지 키워드를 뽑아 그 의미를 설명하고 적당한 글을 찾아 소개하는 방법을 택했습니다. 키워드를 중심으로 설명하되 폭은 좁고 바닥은 울퉁불퉁한 샛길 같은 내용도 일부러 덧붙였습니다. 키워드 중심의 글이 지닌 필연적인 단조로움을 방지하기 위해서이기도 하고, 어쩌면 초라한 샛길이 실은 우리를 정상으로 인도하는 지름길일 수도 있다는 부질없는 믿음 때문이기도 합니다.

• 제 설명은 되도록 줄이고 문인들이 쓴 글을 최대한 많이 인용하려 애를 썼습니다. 솔직히 말하면 우리 고전을 읽는 가장 좋은 방법은 훌륭한 원전을 많이 읽는 것이니까요. 그런 까닭에 박지원, 정약용, 이덕무, 박제가의 글이 꽤 많습니다. 고전 산문에 대한 제 이해 폭이 좁다는 증거이지만 이분들이 쓴 글이 정말로 좋다는 증거이기도 합니다.

• 인용한 글들은 대부분 제가 그동안 다른 책에서 한

번 이상 써먹었던 중고품입니다. 제 책을 즐겨 읽은 분들이라면 반복되는 느낌을 받을 수도 있겠습니다만 제 책들의 판매 상황으로 볼 때 기우일 듯합니다. 돌이켜 보니 그동안 우리 고전을 참 많이도 인용했더군요. 그냥 그렇다는 이야기입니다.

• 인용한 논지나 글은 출처를 정확히 밝히려고 노력했지만, 깜빡했거나 어디서 읽거나 아이디어를 얻었는지 도무지 알 수 없어 그냥 넘어간 부분이 있을 수 있습니다. 앞에서도 밝혔듯 아마추어가 아마추어를 위해 쓴 책이라는 점을 감안해 주시면 감사하겠습니다.

어쩌면 '비슷한 것은 가짜다'라는 제목은 실은 이 책에 더 잘 어울릴지도 모르겠습니다. 여기까지 읽은 분들에게는 죄송한 이야기지만 우리 고전에 대한 제 글은 결코 진짜일 수는 없습니다. 뭔가 아는 양 힘을 잔뜩 주고 썼지만 제가 아는 것은 그저 비슷한 것, 그러니까 실은 진짜가 아닌 가짜인 셈이지요(아마추어 운운한 것도 실은 제 생각이 아니라 오에 겐자부로에게서 빌려왔습니다). 그럼에도 이 책을 쓴 이유는 보다 많은 분들이 우리 고전, 그중에서도 산문을 찾아 읽었으면 하는 바람 때문입니다. 제가 우리 고전에서 느꼈던 특별한 그 무엇을 다른 분들도 느끼기를 원하기 때문입니다. 이 책이 우리 고전의 산맥으로 들어서는 허술한 다리 역할이라도 하게 된다면 저로서는 더 바랄 것이 없겠습니다.

1
{ 브로맨스의 천국 }

간단한 퀴즈 하나로 글을 시작하겠습니다. 다음 두 편지 중 남성이 여성에게 보낸 편지는 어떤 것일까요?

1) 금강산의 가을이 한창 무르익었을 테니, 돌아가고픈 흥취가 도도하게 흐릅니다. 그대는 내가 반드시 시골로 돌아오겠다는 약속을 어겼다고 비웃겠지요. 그 시절에 한 생각이 만약 잘못됐더라면 나와 그대의 사귐이 어떻게 십 년 동안 이토록 다정할 수 있었겠습니까?•

2) 저물녘에 용수산에 올라 그대를 기다렸습니다. 그대는 오지 않습니다. 강물만 동쪽에서 흘러와 어디론가 흘러갔지요. 밤이 깊었기에 달빛 비친 강물에 배를 띄워

• 「계랑에게」(與桂娘), '성소부부고'(惺所覆瓿稿) 21권(인용한 책 정보는 일부러 간략하게만 적었습니다. 궁금하면 직접 찾아보라는 저 나름의 깊은 배려입니다.)

돌아왔습니다. 정자 아래 늙은 나무가 하얗게 사람처럼 서 있기에 나는 그대가 거기에 먼저 와 있는가 보다 생각을 했지요.•

이 편지들을 이미 접한 분들에게는 별로 어려운 문제가 아니겠지만 처음 본 분들은 분명 알쏭달쏭할 겁니다. 두 편지에는 남녀 사이에 오고 갈 만한 짙은 그리움의 정서가 그야말로 '강물처럼 도도하게' 흐르고 있으니까요. 둘의 관계가 왠지 살짝 어긋난 듯한 미묘한 느낌도 감정의 폭과 깊이를 확장하는 데 일조합니다. 힌트를 드리자면 두 편지 모두 연애 감정과는 무관합니다. 충분히 고민했거나 지루하게 여길 때가 되었으니 더 이상 시간을 끌지는 않겠습니다. 정답은 1)입니다.

1)은 허균이 계생, 일반적으로 매창이라는 호로 더 잘 알려진 부안의 기녀에게 보낸 편지입니다. 허균의 화려한 여성 편력(?)과 계생의 신분으로 볼 때 꽤 깊은 관계였으리라 짐작되지만 허균과 계생은 순수한 친구, 그러니까 남사친, 여사친 사이였습니다. 계생이 죽었다는 소식을 듣고 허균은 추모시를 지은 다음 이렇게 썼습니다.

계생은 부안 기생인데, 시문을 잘 이해했고 노래와 거문고 실력도 뛰어났다. 그러나 천성이 고고하고 올곧아 음

탕한 것을 좋아하지 않았다. 나는 그 재주를 사랑하여 교분이 막역했다. 웃고 즐기고 이야기하며 가까이 지냈지만 음란한 지경에는 미치지 않았기 때문에 오래가도 변하지 않았다. 지금 그 죽음을 듣고 한차례 눈물을 흘린 뒤 율시 두 수를 지어 슬픔을 표한다.●●

2)는 박지원이 창애, 즉 유한준에게 보낸 편지입니다. 박지원은 1737년생, 유한준은 1732년생이므로 유한준이 다섯 살 위입니다. 유한준은 지금 우리에겐 생소한 인물이지만 당대엔 뛰어난 문장가로 인정받았으며 그림에도 조예가 깊었다고 합니다. 김광국이 지은 『석농화원』石農畵苑이라는 화집의 발문에 유한준이 쓴 글은 꽤 유명합니다. "알게 되면 사랑하게 되고, 사랑하게 되면 참으로 보게 되고, 볼 줄 알면 모으게 된다."

어딘가 익숙하지요?『나의 문화유산답사기』에 유홍준 선생이 "사랑하면 알게 되고, 알면 보이나니……"라고 쓴 글 덕분입니다. 이는 아는 만큼 보인다는 뜻으로 해석되면서 문화유산 답사 열풍을 일으켰지요. 흥미롭게도 『석농화원』 서문을 쓴 이는 바로 박지원입니다. 두 사람이 꽤 가깝게 지냈음을 알려 주는 대목이지요. 이를 증명하듯 '연암집'에는 유한준에게 보낸 편지가 아홉 편이나 실려 있습니다. 한 사람에게 보낸 편지로는 가장 많은 수를 자랑합니다.(두 사람의 사연은 이것으로 끝이 아닙니다만 나중에 더 다루도록 하겠습니다.)

지금 우리가 주목해야 할 부분은 다른 사람도 아닌 『열하일기』를 쓴 박지원이 이성에게나 보낼 법한 농밀한 편지를 동성 친구에게 보냈다는 점입니다. 박지원의 때론 호탕하고 때론 무섭고 때론 유머러스한 면과는 좀처럼 어울리지 않아 보입니다. 그러나 동성 친구에게 진한 편지를 보낸 이는 박지원만이 아닙니다. 우리가 이름을 익히 아는 대가들 또한 마찬가지였습니다. 다시 한번 허균을 호출합니다. 이번에는 권필에게 보낸 편지입니다.

연못에는 물결이 출렁이고 버들은 푸르게 빛이 난다네. 연꽃은 붉은 꽃잎이 반쯤 피었고 녹음은 푸른 일산에 은은히 비치고 있지. 마침 동동주를 빚어서 젖빛처럼 하얀 술이 동이에 넘실대니, 곧바로 달려와서 맛보기를 바라네. 바람 잘 드는 마루를 벌써 쓸어 놓고 기다린다네.●

어떻습니까? 그야말로 총천연색이 모두 동원된 화려한 편지입니다. 흰 물결, 푸른 버들, 붉은 꽃잎, 녹색 숲, 푸른 일산, 젖빛 술…… 읽기만 해도 색깔에 취하는 기분입니다. 알록달록한 원색이 넘쳐나는 이 유혹적인 편지를 받고도 달려가지 않을 도리는 없겠지요? 다음에 소개하는 정약용의 편지 또한 감정의 강도에 있어서는 허균의 편지 못지않습니다.

내 편지를 받고서도 여태 미황사에 머물고 있다 이거지? 절에서 주는 술과 국수는 중요하지만 이 늙은이가 보내는 편지는 가볍다 이거지? 길을 지나면서도 들르지 않고, 편지에도 답장을 안 보내고, 이사한다고 하면서도 다시 눌러앉아 고작 한다는 말이 "새해에 뵈었으면 좋겠습니다"뿐이라 이거지? 이 같은 고승을 내가 어찌 다시 만날 수 있겠는가? 당신 마음대로 하시게. 이만 줄임. 과거의 사람이 보냄●●

고매한 학자 정약용답지 않은 단단히 삐친(?) 마음이 드러나는 굉장히 드문 편지입니다. 상대가 연락을 안 했다고 '과거의 사람'이라고까지 쓰다니 정약용도 참 대단하지요. 기분이 많이 상했다는 건 그만큼 마음속으로 가깝게 여겼다는 뜻이기도 합니다. 그리움을 참기가 어려웠다는 뜻이기도 합니다.

이에 비하면 김정희가 초의 스님에게 보낸 편지는 짓궂기는 해도 오히려 온건해 보입니다. 그런데 마지막 한 구절에 가슴이 찡해 옵니다.

말안장에 볼깃살이 벗겨지는 고통을 겪었다면서? 걱정을 많이 한다네. 혹시 크게 다치지는 않았는지? 흐흐, 따지고 보면 자업자득이야, 내 말을 듣지 않고 경거망동을 했으니. 상처 크기에 맞게 사슴 가죽을 자르고 밥풀로 붙이면 빨리 낫는다네. 중의 가죽과 사슴 가죽이 한판 붙어 보는 거지. 다 나으면 곧바로 몸을 일으켜 내게로 다시 와.●

농밀한 관계의 최고봉은 이덕무와 박제가의 만남에서 찾을 수 있습니다. 이덕무는 박제가의 시집인 『초정시고』 서문에서 둘의 만남의 역사를 자세히 기록하고 있지요. 이 글에 따르면 이덕무는 1764년에 박제가의 흔적을 처음 발견하게 됩니다. 이덕무는 1741년생, 박제가는 1750년생이니 이때 이덕무는 스물네 살, 박제가는 열다섯 살이었지요. 굳이 '흔적'이라는 단어를 쓴 건 처남이자 친구인 백동수의 집에서 박제가가 쓴 글씨를 발견했기 때문입니다. 이덕무는 소년답지 않은 활달하면서도 웅장한 글씨를 보며 일찍이 만나 보지 못한 것을 탄식했지요. 시간이 빠르게 흘러 2년이 흐른 뒤 어느 겨울날입니다. 이덕무는 친구 김자신의 집에서 이번에는 박제가가 쓴 시를 보며 감탄합니다. 글씨와 시에 놀라고 감탄했다면 연락을 취하고 얼굴을 보는 게 상식적인 인간의 대처입니다. 그러나 이덕무는 박제가를 만나지 않습니다. 어머니가 세상을 떠난 지 얼마 되지 않았다는 이유를 들어 만남을 미룹니다. 그런데 그 시기 이덕무의 행동이 우리의 눈길을 끕니다. 이덕무는 백동수와

김자신을 만날 때마다 박제가에 대해 묻습니다. 그의 얼굴은 어떤지, 태도는 어떤지, 마음은 또 어떤지를 계속 묻습니다. 그러다 보니 이덕무의 마음에는 박제가라는 사람의 인물상이 그려지게 됩니다. 이덕무는 그 상태를 이렇게 표현했지요. "모습은 십중팔구는 알게 되었고 마음씨도 절반 이상 알게 되었다."

　이듬해 봄 이덕무와 박제가가 드디어 만납니다. 이 만남 또한 색다른 모습입니다. 이덕무는 그날 백동수를 만나러 가는 중이었습니다. 그런데 시내를 따라 북쪽으로 걸어가는 남자를 우연히 쳐다봅니다. 그 남자는 '이마는 헌칠하고 눈빛은 초롱초롱하고 낯빛은 부드러운 기이하고 걸출한' 선비의 상을 지녔습니다. 이덕무는 첫눈에(!) 그 남자가 박제가라는 사실을 깨닫습니다. 다가가서 인사를 나누는 게 보통이겠지요. 아홉 살이나 위인 이덕무가 망설일 이유가 도대체 뭐가 있겠습니까? 그러나 이덕무는 걸음을 멈추지 않으면서 계속 그 남자를 살핍니다. 그 남자 또한 '뭔가 짚이는 게 있는지' 이덕무를 자꾸만 바라봅니다. 이덕무는 박제가가 백동수의 집으로 가리라 짐작하고 서둘러 걸음을 옮겨 먼저 백동수의 집에 도착합니다. 아니나 다를까, 조금 뒤에 문을 열고 들어선 이는 바로 박제가였지요. 둘은 비로소 인사를 나눕니다.

　둘의 만남을 꽤 길게 다루었지요. 이 만남이 어쩐지

연애의 냄새를 짙게 풍기기 때문입니다. 상대방의 존재에 대한 깨달음, 마음의 움직임, 감탄과 주저, 열망 그리고 미묘한 머뭇거림 등 연애 초기의 요소들이 두 사람의 만남에 모두 포함되어 있습니다. 둘이 본격적으로 사귀기(?) 시작한 후의 풍경은 또 어떤지요.

재선(박제가의 자)은 사람을 대할 때에 말을 잘 못했으나 나를 만날 때만큼은 그렇지 않았다. 나 또한 다른 사람의 말은 잘 이해하지 못했지만 재선의 말은 들으면 곧바로 이해할 수 있었다. 그러니 재선이 나에게 말을 하지 않으려 한들 어찌 그럴 수가 있었겠는가? 비록 바람이 스며들고 비가 새는 낡은 집일지라도 우리는 조용한 만남을 멈추지 않았다. 등잔불을 중간에 켜 놓고 여러 책을 펼쳐 놓은 채로 마음을 다하여 이야기를 나누었다. (……) 마음이 격해지면 함께 슬퍼하고 함께 기뻐했다. 그러고는 서로 쳐다보며 말없이 웃었다. 왜 그랬는지는 도무지 알 수가 없다.●

어떻습니까? 사랑에 빠진 연인의 모습이라고 해도 무리는 아니겠지요? 다른 사람은 도통 알아들을 수 없는 상대의 말을 제대로 이해하고 심지어는 말하지 않아도 마음이 저절로 통하는 사이, 보고만 있어도 웃음이 나오는 관계가 바로 연인이니까요. 그러므로 이 둘의 관

● 「초정시고 서문」(楚亭詩稿序), '청장관전서'(靑莊館全書) 20권

계는 브로맨스의 정의에 완벽하게 부합한다고 말할 수 있겠습니다. 우정을 사랑처럼 귀하게 여기는 이덕무와 박제가의 태도는 그들이 쓴 다른 글에서 더욱 완벽하게 실체를 드러냅니다. 먼저 이덕무의 글입니다.

나를 알아주는 단 한 사람의 친구를 얻으면 나는 조금도 망설이지 않고 십 년 동안 뽕나무를 심을 것이다. 일 년 동안 누에를 길러 내 손으로 오색실을 물들일 것이다. 열흘에 한 가지 빛깔씩 물들이면 오십 일에 다섯 가지 빛깔을 물들일 수 있으리라.

그 오색실을 따듯한 봄볕에 내놓고 말린다. 아내에게 부탁해 백 번 단련한 금침으로 친구의 얼굴을 수놓게 한다. 고운 비단으로 장식하고는 옛 느낌이 나는 옥을 달아 축을 만든다. 뾰족하고 험준한 산과 세차게 흐르는 물 사이에 펼쳐 놓고 말없이 바라본다. 해가 지면 다시 품에 안고 집으로 돌아온다. ●●

이 글을 읽을 때마다 이건 좀 너무하지 않나 싶습니다. 친구를 소중히 여기는 마음은 알겠는데 행동 하나하나가 아무렇지도 않게 받아들이기엔 좀 과하고 거북한 느낌이 있지요. 남편 친구 얼굴을 오색실로 수놓는 아내는 과연 기분이 어떨지도 궁금합니다. 겉으로는 아무 말 안 해도 뭔가 좀 떨떠름하지 않을까요. 아무튼 방법은 조금 과장되었다 하더라도 친구를 대하는 이덕무의 진정성에는 박수를 치지 않을 도리가 없지요. 다음은 박제가의 시입니다.

형제이나 기운이 다르고 부부이나 같은 방을 쓰지는 않지.
하루라도 친구가 없다면 그건 두 손을 잃은 거나 똑같지.●

박제가도 만만치 않지요? 아니, 이덕무보다 오히려 한술 더 뜨지요? 우정의 가치를 이토록 높이 치는 두 사람이 만났으니 연인의 만남처럼 되어 버린 것은 어쩌면 당연하다는 생각마저 듭니다.

몇몇 사례를 간단히 살펴보았지만 연애 감정에 가까운 우정의 기록은 실은 굉장히 많습니다. 그렇기에 고전 산문을 이해하는 첫 번째 키워드로 '브로맨스'를 뽑은 것입니다. 그렇다면 21세기도 아닌 근엄한 조선 시대에 브로맨스가 성행한 이유를 알아보는 것이 다음 순서일 듯합니다. 전문 연구를 거쳐 추출된 훌륭한 결과물이 이미 나와 있겠지만, 이 책은 아마추어가 아마추어를 대상으로 쓰는 것인 만큼 비전문적 견해 몇 가지만 간단히 적어 보겠습니다.

먼저 남자들끼리 많은 시간을 함께 보낼 수밖에 없었던 사회적 특성을 이유로 들고 싶습니다. 아시다시피 조선은 성리학 이념 구현을 목표로 삼았던 나라입니다.

● 「이서구의 집에서 잠을 자며」(野宿薑山), '정유각집'(貞蕤閣集) 시 1권

성리학은 다 좋은데(네, 저는 성리학을 꽤 좋아합니다) 여성에게 극심한 편견을 가졌다는 점이 큰 문제입니다. 단순화해서 말하자면 조선 시대 여성은 오직 남성의 삶을 뒷바라지하기 위해서만 존재했습니다. 그렇기 때문에 조선 여성들의 사회생활은 없는 것이나 마찬가지였습니다. 여성들이 집 안에만 갇혀 있다 보니 남자들이 만날 수 있는 상대는 특수직 여성을 빼면 대부분 남자들이지요. 특히 입신양명이라는 일생일대의 목표를 이뤄야 하는 젊은 남자들은 하루 내내 붙어 있는 경우가 많았지요.(오랜 수련 시기를 함께 보낸 화랑들 사이에 브로맨스가 많았다는 것은 널리 알려진 이야기입니다. 물론 몇몇 관계는 브로맨스를 넘어서기도 했지요. 심지어 고구려 대무신왕은 아들인 호동을 무척 '사랑'했다고 합니다. 호동好童이라는 이름에 주목하기 바랍니다.●●) 남공철의 글을 예로 들겠습니다.

사 년 전 일이다. 나는 성북의 제자원에서 세 친구들과 함께 진사 시험공부를 했다. 하지만 우린 누군가 술이나 투호를 가져오면 늙은 소나무가 유난히 아름다운 정원에서 옷을 걷어붙이고 놀았다. 시원한 바람이 부는 관사에서 더위를 식히며 신나게 농담을 주고받았다. 그 오십 일 동안 지은 시가 모두 서른두 편이었다.●●●

●● 이민희, 『쾌족, 뒷담화의 탄생』, 푸른지식, 2014
●●● 「제자원 시절 시를 읽고 쓰다」(題弟子院詩後), '금릉집'

돌이켜 봐도 10대 후반에서 20대 초반의 우정에는 단순한 우정을 넘어서는, 이렇게 말하면 좀 뭐하지만 미묘한 감정이 있었습니다. 친구가 나 아닌 다른 친구를 더 좋아하면 질투를 느끼기도 했습니다. 질풍노도의 그 예민한 시기 대부분을 함께 보낸 친구에게 특별한 느낌이 드는 것은 어찌 생각해 보면 당연한지도 모르겠습니다.

두 번째로 동류의식을 들고 싶습니다. 요즈음 말로 하면 "너하고 나는 같은 과야", 이런 뜻이 되겠지요. 이때의 동류는 신분일 수도 있고, 특별한 상황일 수도 있고, 독특한 감성일 수도 있겠지요. 이덕무와 박제가의 우정이 유독 진했던 데에는 서얼이라는 그들의 신분 그리고 문학적으로 예민한 그들의 감성이 많은 영향을 미쳤을 것입니다. 이덕무의 다른 글을 읽어 보겠습니다.

눈 오는 아침, 비 오는 저녁에 다정한 친구 한 명 나를 찾아오지 않는다면 누구와 이야기를 나누어야 할까? 시험 삼아 내 입으로 소리 내어 글을 읽었다. 내 귀가 들어 주었다. 내 손으로 직접 글을 썼다. 내 눈이 보아 주었다. 무슨 소리냐고? 나 자신을 친구로 삼은 것이다. 그러니 도대체 무슨 원망이 있겠는가?●

이덕무가 얼마나 민감한 인간이었는가를 잘 보여 주

는 글이라고 생각합니다. 외로움을 평생 친구로 알고 살았던 서얼 청년 이덕무에게 진짜 친구, 그것도 말을 하지 않아도 서로의 마음을 저절로 이해하는 친구의 존재가 어떤 모습으로 다가왔을지는 더 설명할 필요가 없겠지요. 그런데 이덕무가 느꼈던 이 외로움의 코드는 박제가에게도 그대로 나타납니다. 서울을 떠나는 백동수를 환송하며 쓴 글입니다.

> 말하고 싶은 것이 있어도 왠지 그 앞에선 좀처럼 말할 수 없는 친구가 있고, 말하지 않으려 했는데 나도 모르게 말이 튀어나오는 친구가 있습니다. 이 둘에서 우정의 깊이를 짐작할 수 있습니다.••

저도 모르게 이덕무와 박제가 사이에 다리를 놓아 준 백동수 역시 서얼이었다는 사실을 알면 이 글이 더욱 와 닿을 것입니다. 서얼의 아픔은 역시 서얼이 가장 잘 아는 법이니까요.

군이 조선이 아닌 중국에서 친구를 얻으려 애를 쓴 홍대용의 사례도 재미있습니다. 홍대용은 1765년 숙부 홍억의 자제군관으로 북경에 갔다가 이듬해 2월 유리창琉璃廠에서 육비, 엄성, 반정균을 우연히 만나 천애지기天涯知己를 맺었습니다. 천애는 하늘 끝처럼 멀리 떨어진 곳이라는 뜻입니다. 아주 먼 곳에 있는, 그러면서도 가

•• 「기린협으로 떠나는 백동수를 전송하며」(送白永叔基麟峽序), '정유각집' 문1권

까이 있는 이들보다 더 나를 잘 아는 친구를 사귄 것이지요. 홍대용과 이들 세 중국인의 공통점은 이미 멸망한 명나라였습니다. 이들과의 교우를 통해 홍대용은 오랑캐인 청나라의 세상 속에서도 명나라의 정신이 여전히 살아 있음을 찾으려 했을 겁니다. 필담을 나눈 결과를 종합해 보면 중국인 친구들보다 홍대용이 멸망한 명나라를 더 사랑한다는 결론을 내릴 수밖에 없어 조금 착잡하기도 합니다. 홍대용과 특히 마음이 잘 맞았던 이는 엄성이었습니다. 엄성과의 일화는 이 우정이 이미 신화적 브로맨스 수준에 이르렀음을 알려 줍니다. 박지원의 글을 통해 살펴보겠습니다.

그 후 두어 해 만에 엄성이 객사하고 말았다. 반정균이 덕보(홍대용의 자)에게 편지를 써서 그 사실을 알렸다. 덕보는 애도하는 글을 지은 뒤 향과 함께 부쳤다. 그런데 그것들이 전달된 날이 바로 엄성의 2주기 제삿날이었다. 모두들 경탄하면서 지극한 정성이 혼령을 감동시켰기 때문이라고들 했다. 엄성의 형이 덕보의 글을 읽고 향을 살랐다. 엄성의 아들은 덕보를 백부라 부르는 편지를 보내면서 아버지의 문집을 함께 부쳤다. 편지와 책은 구 년 만에 덕보에게 도착했다. 그 책에는 엄성이 손수 그린 덕보의 작은 초상화가 있었다.●

마지막으로 외부의 영향을 들고 싶습니다. 무슨 말인가 하면 브로맨스는 원래부터 조선에 있었던 게 아니라 새로 유입된 문화라는 것입니다. 다시 박지원의 글입니다.

옛사람들은 벗을 '제2의 나'라 일컫기도 했고, '주선인' 周旋人(주선해 주는 사람)이라 일컫기도 했다. 한자를 만드는 이는 날개 우羽 자를 빌려 벗 붕朋 자를 만들었고, 손 수手 자와 또 우又 자를 합쳐서 벗 우友 자를 만들었다. 벗이란 새에게 두 날개가 있고 사람에게 두 손이 있는 것과 같음을 말한 것이다.●●

박지원이 쓴 글이지만 그 내용이 전부 그의 머리에서 나온 것은 아닙니다. 중국에서 선교 활동을 했던 마테오 리치의 『교우론』에 이런 내용이 나옵니다.

나의 벗은 타인이 아니라 바로 나의 반쪽, '제2의 나' 이다.

또한 "덕과 뜻이 비슷해야 그 사귐이 굳건해진다"라는 구절에 마테오 리치는 다음과 같은 주를 달았습니다.

벗 우友의 원형인 우𦎫는 '두 개의 또'라는 뜻이니 그가 곧

나이고 내가 곧 그이다.

박지원의 독창성을 높이 사는 분들은 좀 아쉬울지도 모르지만 박지원이 어떤 식으로든 마테오 리치를 참조한 것은 분명해 보입니다.

브로맨스가 외부에서 유입된 문화라는 또 다른 증거로 양명좌파의 영향을 들 수 있습니다. 박수밀 선생에 따르면 양명좌파는 우정을 목숨처럼 귀하게 여겼다고 합니다.● 명나라 중기의 양명좌파 학자 왕용계는 학문에서 친구의 의미는 고기와 물의 관계와 똑같다고 했습니다. 물이 없으면 고기가 살 수 없듯 우정이 없으면 학문도 말라 죽는다는 뜻이지요. 박지원, 이덕무 등이 양명좌파의 대표 인물 이탁오에게 많은 영향을 받았다는 증거는 이미 상당 부분 밝혀져 있지만 이 책에서는 자세히 다루지 않겠습니다. 사실 남자들 간의 깊은 우정은 세계 어느 곳에서나 발견되는 보편적 현상이기도 합니다. 백아절현伯牙絶絃이라는 성어를 낳은 백아와 종자기의 아름답고 슬픈 이야기에도 브로맨스의 흔적은 남아 있지요. 박지원의 글입니다.

종자기가 죽었다. 백아는 거문고를 끌어안고 한탄했다. 이제 나는 누구를 위해 연주해야 하나? 내 연주를 들을 사람은 어디에 있나? 허리춤에서 칼을 뽑아 단번에 줄을

● 박수밀, 『18세기 지식인의 생각과 글쓰기 전략』, 태학사, 2007

끊었다. 쨍 소리가 요란했다. 그건 시작에 지나지 않았다. 백아는 자르고, 끊고, 던지고, 부수고, 박살 내고, 짓밟고, 아궁이에 쓸어 넣어 불살라 버렸다. 그제야 겨우 성에 찼다. 스스로에게 물었다.

"속이 시원하냐?"

"시원하다."

"울고 싶으냐?"

"울고 싶다."••

'사랑과 우정 사이'라는 노래 제목도 있듯 사랑과 우정의 경계는 때로는 참 애매합니다. 그럼에도 중요한 것은 한 사람과 다른 한 사람의 만남이 실은 그리 간단한 사건은 아니라는 깨달음입니다. 브로맨스는 어쩌면 그 섬광 같은 깨달음에서부터 시작된 것은 아닐까요. 다음에 소개하는 박지원과 정약용의 글은 어딘지 비슷한 느낌입니다. 두 사람 다 우정의 문제를 깊이 고민한 까닭이겠지요.

신기하고도 묘합니다, 우리가 만나게 된 인연이! 도대체 누가 이렇게 만들었을까요? 그대가 나보다 앞서 나지도 않았고 내가 그대보다 뒤에 나지도 않아 우리는 같은 세상에 태어났지요. 그대가 북쪽 나라에서 태어나지 않았고 나 또한 남쪽 나라에서 태어나지 않아 우리는 같은 나라에 태어났지요. 그대가 남쪽에 살지 않고 나 또한 북쪽에 살지 않아 한 마을에 살게 되었지요. 그대가 무인이 아니고 나 또한 농사꾼이 아니라 둘 다 같은 공부를 하고 있으니 이 어찌 큰 인연과 기회가 아니겠습니까?●

상하 오천 년 가운데 더불어 같은 세상에 사는 것은 우연이 아니다. 종횡 삼만 리 가운데 더불어 같은 나라에 사는 것도 우연이 아니다. 같은 세상 같은 나라에 산다고 해도 나이 차이가 많고 멀리 떨어진 곳에 살고 있으면, 만난다 해도 어려워 즐거움이 적고 세상을 마치도록 서로 알지 못하는 경우도 생긴다. 한 사람은 잘나가고 다른 한 사람은 그렇지 못하거나 노는 취향이 같지 않으면 나이가 비슷하고 이웃에 살더라도 즐겁게 놀 수가 없다. 이것이 바로 친구를 사귀고 어울림이 깊어지지 않는 이유다.●●

　지금까지 브로맨스의 관점에서 고전 산문을 살펴보았습니다. 제가 소개한 글들은 빙산의 일각일 뿐입니다. 여러분 스스로 고전 산문을 읽으며 브로맨스의 흔적을 찾아본다면 더욱 재미있는 사례를 많이 발견하게 되리라 믿습니다. 전에는 몰랐던 우정과 사랑에 관한 새로운 깨달음 또한 적지 않게 얻으리라 믿습니다. 마지막으로 박지원의 아름다운 글 한 편을 더 인용합니다.

● 「경보(박종경으로 추측)에게」(與敬甫), '연암집' 5권
●● 「죽란시사첩 서문」(竹欄詩社帖序), '다산시문집'(茶山詩文集) 13권

어제 그대가 정자 위 난간을 배회할 때, 나는 다리 곁에 말을 세우고 있었습니다. 서로 간의 거리가 한 마장쯤 되었겠지요. 우리가 바라본 곳은 아마도 그대와 내가 서 있던 그 사이 어디쯤이었던 것 같습니다. ●●●

{ 2 }
{ 여성은 없다 }

조선 후기 문인들이 가장 사랑했던(?) 여인은 향랑이라고 해도 과언은 아닐 것입니다. 정찬권 선생에 따르면 향랑의 삶을 기록한 전기와 한시만 해도 20편 가까이 된다고 합니다.● 글을 남긴 이들 중에는 이덕무, 이옥, 이학규, 김창흡 등 문장으로 당대를 풍미한 이들의 이름도 어렵지 않게 눈에 띕니다.

향랑은 경상도 선산에 살던 시골 여인이었습니다. 계모 밑에서 자란 향랑은 같은 마을에 사는 남자에게 시집을 갔습니다. 그런데 남편은 성품이 어리석고 사나운 작자라 이유도 없이 향랑을 욕하고 때리기를 반복했지요. 보다 못한 시부모가 개가를 권하자 향랑은 울면서 친정으로 돌아왔습니다. 그러나 계모는 이미 남의 집 사람이 되었으니 받아들일 수 없다며 향랑을 내쫓았습니다. 향랑은 어쩔 수 없이 다시 시가로 갔으나 시부모는 개가를 허락했으니 이미 남이라며 또다시 내쳤습니다. 친정과 시가 양쪽에서 모두 쫓겨난 향랑은 산유화한 구절을 부르고는 강물에 뛰어들어 스스로 목숨을 끊었습니다. 뒤늦게 향랑을 발견한 마을 사람들은 개가를 거부하고 스스로 목숨을 끊은 향랑을 열녀로 추앙했고 나라에서도 정려비를 세워 주었다는 이야기입니다. 철저히 비극적인 삶을 살았던 향랑의 어떤 부분이 문인들의 창작 욕구를 자극했던 걸까요? 이덕무가 쓴 시와 이옥의 글을 살펴봅니다.

향랑은 백성의 딸 그래도 옛사람의 법을 알지.
공순해야 현숙한 여자 그렇지 않으면 나쁜 아내
조심스레 남편 뜻 받들었으나 남편은 같이 못 산다 하네.
이런 말 저런 말 오간 끝에 다른 사람에게 시집가라 하니
살려고 한들 무슨 기쁨으로 살까, 죽는 것이 차라리 옳으리라 결심했지.●

역사책에 따르면 조선은 예의를 숭상하고 정절과 결백을 중시하는 풍속이 있어 죽을 때까지 한길을 지키는 여성이 많다고 한다. 향랑이 바로 그런 사람이 아니겠는가!●●

이제 답이 나왔습니다. 문인들이 향랑의 사연을 상세

● 「향랑시」(香娘詩), '청장관전서' 2권
●● 「상랑전」(尙娘傳), '담정총서'(薄庭叢書) 19권

히 기록한 건 향랑이 사랑스러워서가 아니었습니다. 배운 것도 없는 백성의 딸이면서도 죽음으로 여인의 본분을 지켰다는 오직 그 이유 때문이었습니다. 아름답고 독창적인 문장으로 이름을 떨친 이덕무와 이옥의 글이 결과적으로는 국가 이데올로기를 찬양하는 데에 쓰이고 말았다는 사실이 몹시 안타깝습니다만 결국은 그들의 한계라고 봐야겠지요. 다행이랄까, 열녀에 대한 생각이 조금은 다른 문인도 있습니다. 박지원은 남편을 잃은 여인이 스스로 목숨을 버리는 행위에 대한 생각을 「열녀함양박씨전」에 솔직하게 밝히고 있습니다.

과부로 지내는 것만으로는 절개가 부족하다 생각한 이들도 있다. 한낮의 촛불처럼 의미 없는 여생을 스스로 끝내 버리고 남편을 따라 죽기를 빌어 물에 빠져 죽거나 불에 뛰어들어 죽거나 독약을 먹고 죽거나 목매달아 죽기를 마치 낙원 땅 밟듯 한다고 하니 열녀는 열녀이지만 이 어찌 지나치지 않은가! ●●●

역시 박지원은 다르구나 싶지요? 그러나 결론을 내리기는 조금 이릅니다. 바늘과 실처럼, 연인처럼 가깝게 지내던 이덕무가 죽자 박제가는 온 세상을 잃은 사람처럼 깊은 슬픔에 빠집니다. 공교롭게도 박제가는 이덕무가 죽기 넉 달 전에 아내마저 잃어 "천지간에 의지가지

없는 사람"이 되었습니다. 박지원은 박제가가 그토록 슬퍼하는 이유를 어떤 사람에게 보낸 편지(유득공일 가능성이 높습니다)에서 논리적으로(?) 분석합니다.

재선(박제가의 자)은 벼슬을 그만두었다던데 몇 번이나 만났는지 모르겠네. 조강지처를 잃은 것도 모자라 무관(이덕무의 자) 같은 훌륭한 친구까지 잃어 외로운 신세가 되었으니 그의 얼굴과 말을 안 보고도 알 수 있다네. 천지간에 의지가없는 사람이라 할 수 있겠지.

참 슬픈 일일세! 내 일찍이 친구를 잃은 슬픔을 아내를 잃은 슬픔보다 훨씬 크다고 말한 적이 있지. 아내를 잃은 자는 두 번, 세 번 장가라도 들 수 있고, 서너 차례 첩을 들여도 안 될 것은 없지. 솔기가 터지고 옷이 찢어지면 꿰매고 때우는 것과 같지. 그릇이 깨지고 이지러지면 새것으로 바꾸는 것과 같지. (······) 친구는 그럴 수 없네. 눈이 있기는 하나 내가 보는 것을 누구와 함께 볼 것이며, 귀가 있기는 하나 내가 듣는 것을 누구와 함께 들을 것이며, 입이 있기는 하나 내가 먹는 것을 누구와 함께 맛볼 것이며, 코가 있기는 하나 내가 맡는 향기를 누구와 함께 맡을 것이며, 마음이 있기는 하나 내 지혜와 깨달음을 도대체 누구와 나눠야 할까?●

이 글에 문학적 과장이 있다는 사실은 인정합니다. 친

구를 잃은 슬픔의 깊이를 설명하려다 보니 본의 아니게 아내의 가치를 비하한 부분이 어느 정도는 있겠지요. 그렇다고는 해도 아내를 옷이나 그릇에, 꿰매고 때울 수 있는 옷, 깨지고 이지러지면 새것으로 바꿀 수 있는 그릇에 비유하다니 좀 심해 보이지 않습니까? 박지원의 여성관이 결코 문학적 과장만은 아니라는 사실은 허난설헌에게 내리는 냉정한 평가에서도 잘 드러나지요.

규중에 있는 여성이 시를 읊조린다는 것이 본래 아름다운 일은 아니지만 외국의 여자로서 그 이름이 중국에까지 퍼졌다는 것은 꽤 명예로운 일이다. 그러나 우리나라 부인들의 이름이나 자호가 본국에서도 드러난 일이 없는 걸 생각하면, 난설헌의 호는 그 한 번으로도 이미 과하다. 거기에 경번이라는 잘못된 이름으로 도처에 기록되기까지 한다면 천년이 지나도 씻을 수 없을 터이니, 재사가 있는 규방 여성의 밝은 교훈으로 삼아야 마땅하지 않겠는가?••

박지원은 규중 여성의 이름이 중국인의 입에 오르내리는 사실 자체를 굉장히 불만스러워하고 있지요. 물론 허난설헌의 시 자체에는 아무런 관심도 없습니다.

이제 두 번째 장 제목을 '여성은 없다'라고 붙인 이유를 충분히 짐작했을 것입니다. 인구의 절반이 여성이라는 사실은 조선 시대에도 불변의 법칙이었겠지요. 하지만 조선 시대 산문에서 여성이 차지하는 비율은 모르기는 몰라도 1퍼센트에도 미치지 못할 것입니다. 그 1퍼센트도 오직 남성이 바라보는 여성의 삶을 기술한 것일 뿐, 여성 본인이 자신의 삶을 기록한 글은 거의 없다고 봐도 무방합니다. 게다가 조선 문인들의 여성관은 참담하다고 해도 과언이 아닙니다. 여성과 같은 세상에 살고 있다는 사실 자체가 놀라울 정도로 무지한 경우가 많습니다. 지금 읽어도 감탄스러운 글을 이미 몇 백 년 전에 써 낸 조선의 문인들은 오늘날의 관점에서 보자면 여성의 적이었던 셈이지요. 그런데 한 가지 이해하기 힘든 점이 있습니다. 여성의 적인 이 문인들은 여성을 제외한 다른 존재들에게는 놀라운 통찰력과 따뜻한 마음을 보입니다. 문인보다는 학자에 가까운 이미지인 이익이 그 좋은 예입니다.

너는 한평생 수고스럽게 나를 받들어 주었다. 내가 너에게 정말로 많은 도움을 받았으니 어찌 잊을 수가 있겠는가? 네 자식이 아주 못된 놈이라 전에 내가 타이른 적이 있었다. 네 자식은 나쁜 품행을 고치지 못했다. 그래서 먹고살 길을 잃고 정처 없이 떠돌아다니는 신세가 되었다. 네가 죽고 무덤에 풀이 우거졌는데도 벌초해 주는 이 하나 없는 까닭이다. 살아서 고생한 것도 모자라 귀신이

된 후에도 항상 굶주리게 되었으니 이 어찌 슬픈 일이 아니겠느냐?•

죽은 노비의 무덤을 벌초하고 제사까지 지낸 조선 양반이 도대체 몇 명이나 되겠습니까? 이익이 얼마나 따뜻한 마음을 가진 사람이었는지 알 수 있습니다. 이익의 마음은 사람을 넘어 동물에게까지 향했습니다. 육식을 반대하는 이익의 글은 현대를 사는 우리에게도 많은 것을 생각하게 합니다.

힘닿는 데까지 모든 짐승을 다 잡아먹을 생각을 하고 있다면 그건 바로 약육강식의 태도를 옹호하는 것이다. 그건, 사람의 도가 아니라 짐승의 도다.••

이런 이익이지만 어찌 된 까닭인지 여성에게는 매몰차기 그지없습니다. 부인이 바깥일을 하면 반드시 집안이 망한다고 목소리를 높이기도 하고, 전 시대에 비해 여권이 조금이라도 나아진 현상을 두고(그래 봤자 미미한 수준이었겠지요) 암탉이 새벽에 우는 것을 막기 어려워졌다고 한탄하기도 합니다. 여성들이 책을 읽는 일에는 더욱 완고한 의견을 드러냅니다.

• 「죽은 종을 위해 제사를 지내다」(祭奴文), '성호사설'(星湖僿說) 12권
•• 「고기를 먹는다는 것」(食肉), '성호사설' 12권

글을 읽고 의리를 강론하는 것은 남자가 할 일이다. 부인에게는 계절과 절기에 맞추어 아침저녁으로 의복과 음식을 준비하고 제사와 손님을 받드는 일이 있으니 어느 사이에 책을 읽을 수 있겠는가? 가끔 고금의 역사에 통달하고 예를 논하는 부인이 있기도 하나 실천은 하지도 못하는 경우가 대부분이라 도리어 해악만 부를 뿐이다.●

이익처럼 학식 있는 사람도 이렇게 생각했으니 그 시대 평범한 남성들이 어떠했을지는 말할 필요도 없겠지요. 그러나 이런 반론도 가능합니다. 지금 우리의 관점에서 조선 문인들의 여성관을 비난하는 것이 과연 옳은 일일까요?

글쎄요, 이렇게밖에 답할 수가 없군요. 늘 시간이 많은 저는 넷플릭스 애청자라 1980-1990년대 미국 영화를 자주 보는데 여성에 대한 비하 내지 성적 편견을 지닌 발언이 수시로 등장해 깜짝 놀라곤 합니다. 지금 같으면 그 영화들 또한 여성의 적으로 몰리겠지요. 그 영화들을 편드는 건 아닙니다. 제가 말하고 싶은 건 불과 이삼십 년 전만 해도 여성의 권리에 대한 인식은 형편없는 수준이었다는 사실 그리고 그런 표현이 드러난 영화를 보거나 책을 읽으며 조금의 문제의식도 느끼지 못했다는 사실입니다. 조선은 앞서도 말했다시피 성리학을 국가 이념으로 삼은 사회였습니다. 성리학은 참 좋은 학문인데 안타깝게도 여성이 비집고 들어갈 자리는 전혀 없었지요. 그러므로 조선에서 여성의 권리가 거의 인정되지 않았던 점, 그런 사실을 당연히 여겼다는 점은 어찌 보면 필연적인 결과라 할 수 있겠습니다. 사람이 자신의 시대를 벗어나기란 생각보다 훨씬 더 어렵습니다. 그렇기에 시대의 한계를 넘어선 사람을 위인이라 일컫겠지요.

그렇다고 해서 조선의 모든 남성들이 여성을, 아내를 살림하는 기계 내지 남자의 부속품으로 여긴 것은 아닙니다. 하립은 아내 김삼의당과 일상적으로 시를 주고받았으며 시를 쓰는 아내를 무척 자랑스러워했습니다. "꽃과 달과 당신, 우리 집 같은 곳은 세상에 다시 없으리!"라는 아름다운 시구만으로도 아내를 향한 하립의 진정성을 충분히 짐작할 수 있지요. 아내 강정일당을 잃은 윤광연은 앞으로 공부하다가 의심나는 것이 있으면 누구에게 물어봐야 하느냐고 탄식을 했으며**, 심노숭은 죽은 아내를 기리는 글을 스물세 편, 시를 스물여섯 수나 썼습니다. 김영진 선생에 따르면 이는 조선 문학사에서 유례가 없는 일이라고 합니다. 아내에게 바치는 제문에 심노숭은 이렇게 썼습니다. "그대가 죽은 건 바로 나 때문이네."***

** 박무영 외, 『조선의 여성들, 부자유한 시대에 너무 비범했던』, 돌베개, 2004
*** 「죽은 아내에게」(望尊祭亡室文), 『효전산고』(孝田散稿)
(김영진, 『눈물이란 무엇인가』, 태학사, 2001에서 재인용)

아내를 사랑한 사람의 대열에서 박지원을 빼놓을 수는 없습니다. 박지원은 아내가 세상을 떠나자 추모시를 20수나 지었으며 언문을 익히지 않아 아내와 편지를 주고받지 못한 것을 크나큰 한으로 여겼다고 합니다.● 아내가 죽은 뒤에 재혼하지 않고 첩도 들이지 않고 죽을 때까지 혼자 살았다는 사실 또한 박지원의 아내 사랑이 보통을 넘어섰음을 알려 주는 대목이지요. 정약용 또한 빼놓을 수 없는 애처가입니다. 아내의 혼례복으로 아이들에게 책을 만들어 준 다음 일화는 꽤 유명하지요. 문장에는 잘 드러나 있지 않지만 실은 아내에게 보내는 감사 편지라고 봐도 무방합니다.

강진에서 유배 생활을 하는 내게 병든 아내가 낡은 치마 다섯 폭을 보냈다. 아내가 시집올 때 입었던 혼례복이었다. 붉은색은 이미 사라졌고 노란색도 희미해서 책으로 만들기에 적당했다. 크기에 맞춰 잘라서 작은 책을 만들었다. 두 아들에게 줄 훈계의 말도 썼다. 훗날 아이들이 이 글을 보면 감회가 새로우리라. 부모의 꽃다운 자취를 어루만지면 가슴이 제법 뭉클해지리라. 하피첩이라는 이름을 붙였다. 붉은 치마를 점잖게 표현한 것이다.●●

아내를, 여성을 자신과 동등한 인격을 갖춘 사람, 대

● 김명호, 『연암 문학의 심층 탐구』, 돌베개, 2013
●●「아내의 붉은 치마로 책을 만들다」(題霞帔帖), '다산시문집' 14권

화를 나누고 사랑을 주고받을 만한 사람으로 여기는 글이 몇 편 있다고 해서 전반적인 추세가 바뀌는 것은 물론 아닙니다. 아마도 대부분 여성에게 조선은 결코 살기 좋은 나라가 아니었을 것입니다. 자신만의 독특한 시각으로 세상을 관찰했던 유만주의 글은 여성들이 자신의 입과 손으로 표현하지 못했던 마음을 우리에게 제대로 보여 줍니다.

> 옛사람이 가난한 선비의 아내를 약한 나라의 신하와 같다고 한 것은 참으로 훌륭한 비유이다. 그러나 내 생각엔 약한 나라 신하 쪽이 차라리 낫다. 어떤 사람이 다음과 같은 이야기를 들려주었다.
> "죄를 많이 짓고 죽은 남자가 저승에서 윤회의 벌을 받게 되었다. 염라대왕의 판결이다. '죄가 큰 자이니 벌레나 짐승이 되는 것으로는 지은 죄의 만분의 일도 갚을 수 없다. 그러니 가난한 선비의 아내로 보내 버려라. 딸만 많이 낳는 선비의 아내로 만들어 버려라.'"●●●

조선의 여성 문인들이 쓴 귀한 글들을 마지막으로 인용하고자 합니다. 두 편의 내용은 전혀 다릅니다. 김금원이 쓴 첫 번째 글을 보면 마음이 저절로 시원해집니다. 조선의 여성들이 진정으로 바랐던 바가 무엇인가를

●●● 『흠영』(欽英)(김하라, 『일기를 쓰다』, 돌베개, 2015에서 재인용. 앞으로 인용하는 유만주의 글은 모두 김하라 선생이 번역한 책에서 인용하거나 문장을 조금 바꾼 것들입니다.)

알 수 있는, 힘이 있으면서도 정갈한 글입니다. 그러나 역설적으로 여성에 대한 조선의 폐쇄성을 가장 잘 보여 주는 글이기도 합니다. 풍양 조씨가 쓴 두 번째 글은 읽기만 해도 마음이 아파집니다. 열녀를 강요하는 사회에서 살아남기를 택한 이의 슬픔이 깊이 느껴지는 글입니다. 그럼에도 감동을 받지 않을 수 없는 까닭은 글 전체에서 살아야겠다는 결의가 느껴지기 때문입니다.

마음을 정했다. 혼례를 치르기 전에 경치 좋은 곳을 다 돌아보고 와야겠다. 증점처럼 '기수에서 목욕하고 무우에서 바람 쐬고 노래 부르며' 돌아와야겠다. 공자님도 분명 내 생각에 찬성하겠지. 결정을 내린 후 부모님께 간곡히 요청했다. 여러 차례 분명하게 말씀드리자 부모님께서 허락을 하셨다. 가도 좋다는 그 말을 듣자 가슴이 확 트였다. 매가 새장에서 나와 하늘로 오르는 기분과 비교할 수 있을까? 아니면 좋은 말이 굴레에서 벗어나 천 리를 달리려는 뜻을 품은 기분? 그날로 남자 옷을 입고 짐을 싸서 떠났다.●

나의 팔자가 갈수록 기구하고 박복하고 삼생의 죄악이 심히 무거워 시집간 지 육 년 만에 하늘이 무너지는 설움을 당해 온몸이 부서져 흩어지는 아픔이 오장육부에 얽혔다. 의연히 뒤를 쫓아 홀연히 죽어 만사를 알지 못함이

●『호동서락기』(湖東西洛記)(임유경, 『조선에서 여성으로 산다는 것』, 역사의 아침, 2014에서 재인용)

마땅하였으나 못나고 천한 몸이 무지한 바에도 시부모님을 부탁할 동서가 없고, 사사로운 정으로는 자식을 아끼는 친정아버지께 천륜으로써 불효를 더할 수 없었다. 또 언니에게는 어머니를 잃어 슬픈 가운데도 서로 위로하면서 마음을 터놓은 이가 나뿐이니, 내가 만일 죽으면 한갓 자매를 잃은 설움뿐 아니라 사람의 도리에 어긋나는 것이다. ••

3
{ 삶을 뒤돌아보는 여행 }

　조선 문인들이 가장 바라는 여행은 중국행이었습니다. 그들에게 중국은 이 세상 전부나 마찬가지였으니까요. 그러나 여행 자유화 시대와는 거리가 멀었던 조선 시대에 문인들이 중국을 구경할 수 있는 방법은 오로지 나라에서 공식적으로 파견하는 사절단에 이름을 올리는 것뿐이었습니다. 그러려면 나라의 녹을 먹는 자리를 차고 있어야 하지만 문인들은 예나 지금이나 글쓰기 말고 다른 일에는 놀랍도록 불성실한 이들이라 공무와는 별 관계가 없습니다. 그런 까닭에 정상적인 절차로는 중국을 다녀올 방법이 없었지요. 다행히 조선에는 자제군관이라는 제도가 있었습니다. 중국에 가는 사신의 자제子弟, 즉 아들이나 형제 혹은 일가친척들이 호위의 명목으로(그래서 이름이 군관이지요. 실제로 하는 일은 전혀 없습니다) 중국에 가는 방법이었지요. 홍대용, 박지원, 김정희 등이 모두 자제군관으로 중국에 다녀왔습니다. 이 세 사람의 중국행은 후대에 커다란 영향을 미쳤다는 측면에서 꽤 중요합니다. 물론 영향을 미친 방법은 각기 달랐지요.

앞서 살펴보았듯 홍대용은 숙부 홍억의 자제군관으로 중국에 다녀온 후『연기』燕記와『을병연행록』乙丙燕行錄 두 편의 여행기를 남겼습니다.『연기』는 한문으로 썼고,『을병연행록』은 어머니가 읽을 수 있도록『연기』를 한글로 옮긴 것입니다. 홍대용의 중국행은 지식인 사회에 큰 충격을 던져 주었습니다. 오랑캐로만 여겼던 청나라의 선진 문명을 솔직하게 기술한 것도 놀라웠지만 중국인 친구 세 명을 사귀었다는 사실은 그야말로 충격이었습니다. 조선 역사상 중국인 친구를 둔 이는 홍대용이 처음이나 마찬가지였으니까요. 그 전까지 중국인이란 경모의 대상이었지 우정의 대상은 결코 아니었던 겁니다. '우정에 미친' 이덕무는 감격한 나머지 홍대용과 중국인 친구들이 나눈 편지와 필담 등을 모아『천애지기서』라는 책까지 만들었습니다.

그때의 서간과 필담을 보니 마음과 뜻을 나누면서 화답한 즐거움이 옛사람에게 뒤지지 않음은 물론이고, 그중에는 감정을 뒤흔들어 눈물을 흘리게 할 만한 내용도 있었다.

이에 편지와 시문과 필담 나눈 것 등을 간추려 기록하고 '천애지기서'라는 이름을 붙인다. 이는 친구 간의 우의에 야박한 이들에게 경계하는 자료로 삼기 위함이다.●

그러나 홍대용의 '우정'에 가장 충격을 받은 사람은 박지원이었습니다. 앞에도 홍대용과 엄성에 대한 극적인 서술로 가득한 박지원의 글을 언급했지만 무엇보다도 그런 충격이 여실히 드러나 있는 건 『열하일기』입니다. 친척 형인 박명원의 자제군관으로 중국을 방문한 박지원의 가장 큰 관심사는 바로 '친구 찾기'였다고 저는 말하겠습니다. 결과만 보자면 박지원의 친구 찾기 미션은 실패로 끝났습니다. 물론 중국인 선비들을 여럿 만나 필담을 나누었고 청나라 조정에서 고위 관직을 지냈던 이도 만났지만 그들은 언행과 품성 등 전반적인 수준에서 홍대용의 친구들에는 미치지 못했지요. 박지원이 유리창을 거닐면서 내뱉었던 유명한 독백에 어쩌면 그런 허탈한 심사가 투영되어 있는지도 모르겠습니다.

나는 유리창 안에 홀로 서 있다. 내가 입은 옷과 갓은 천하 사람들이 모르는 것이고, 내 수염과 눈썹은 천하 사람들이 처음 보는 것이고, 반남 박씨는 천하 사람들이 처음 들어 보는 성일 것이다. 그러므로 나는 성인도 되고, 부처도 되고, 현인도 되고, 호걸도 될 수 있다. 은나라 기자

箕子나 초나라 접여接輿처럼 미쳐 날뛸 수도 있겠지. 아, 앞으로 나는 누구와 함께 이 지극한 즐거움을 논할 수 있겠는가?•

'친구 찾기'에 실패했다고 그 과정을 상세히 기록한 『열하일기』를 졸작이라 말할 수는 없습니다. 여러분도 알다시피 『열하일기』는 우리 역사상 최고의 기행문으로 손꼽히는 작품이니까요. 최고를 살펴보지도 않고 넘어가기는 좀 그러니 저 또한 『열하일기』를 사서 읽기는 읽었습니다. 절반쯤까지는 재미로, 나머지 절반은 다 읽고야 말겠다는 무지막지한 일념으로 간신히 해치웠습니다. 『열하일기』를 읽다 보면 여러 번 놀라게 됩니다. 여행하면서 그렇게 방대한 기록을 남겼다는 사실에 놀라고, 소설보다 더 재미있는 부분이 존재한다는 사실에 놀라고, 중국을 바라보는 날카로운 시각에 놀라고, 도무지 무슨 말인지 알 수 없는 내용이 태반은 된다는 사실에 다시 한번 놀랍니다. 물론 이는 제 경우이고, 읽는 이에 따라서 놀라움의 포인트는 각기 다르겠지요.

박지원은 어떻게 이 방대한 기행문을 쓸 수 있었을까요? 박지원이 남긴 글을 직접 인용하는 것이 좋겠습니다.

귀국한 후 그동안 기록했던 쪽지들을 점검해 보았다. 종이는 나비 날개처럼 얇고 작았고, 글자는 파리 대가리처럼 까맣고 작았다. 얼마 되지 않는 시간에 비석을 읽고 베낀 것이라 엉성하기만 하다. 이리저리 매만져서 글꼴을 만든 후 「앙엽소기」라는 이름을 붙였다. 앙엽이란 무엇인가? 문득 좋은 생각 하나를 얻은 옛사람이 감나무 잎에 글을 써서 항아리에 넣어 두었다가 나중에야 제대로 된 글로 정리했다는 이야기에서 나온 이름이다. ●●

빠르게 글을 써 나가다 보니 이런 생각이 든다. 먹물을 한 번 찍는 시간은 눈 한 번 깜빡, 숨 한 번 쉬는 시간에 지나지 않는다. 그런데 이 잠깐의 시간이 작은 옛날과 작은 오늘을 이루는 것이다. 그러므로 큰 옛날과 큰 오늘이라는 것은 크게 눈 한 번 깜빡이고 크게 숨 한 번 쉬는 시간이라 말할 수 있겠다. ●●●

박지원에 따르면 앙엽_{盎葉}과 일신_{馹迅}, 이 두 가지가 『열하일기』를 완성한 비결입니다. 앙엽은 '항아리 안에 든 이파리'란 뜻입니다. 농사를 짓느라 그때그때 글을 쓸 수 없었던 어떤 이가 밭 한가운데 항아리에 감잎과 붓과 벼루를 두고는 머릿속에 생각이 떠오를 때마다 곧바로 기록했다는 사연에서 유래했습니다. 일신은 '말을 타고 빠르게 간다'는 뜻입니다. 그러므로 『열하일기』의 장 이름인 '일신수필'은 말을 타고 빠르게 가면서 쓴

●● 「앙엽기 서문」(盎葉記序), 『열하일기』
●●● 「일신수필 서문」(馹迅�隧筆序), 『열하일기』

수필이라는 뜻이지요. 실제로 말 위에서 썼을 리는 없을 테고 잠깐잠깐 틈나는 대로 기록을 했다는 의미로 받아들여야 합니다. 종합하자면 박지원은 여행 도중에는 자료를 통째로 베끼거나 그때그때 떠오르는 단상 정도를 기록했고, 본격적인 집필은 귀국 후에 그 자료들을 바탕으로 시작했던 것이지요. 물론 『열하일기』를 보면 사전에 세밀한 집필 계획을 세운 후 미리 방대한 자료를 섭렵했다는 사실 또한 확인할 수 있습니다.

『열하일기』에는 「호질」이나 「허생전」 같은 본격 소설도 실려 있지만 이들 소설보다 어떤 면에서는 더 소설 같은 대목도 곳곳에 등장합니다. 제가 특히 좋아하는 두 장면을 수록하니 한번 감상해 보십시오.

정 진사, 주 주부, 변군, 박래원, 주부 조학동 등과 투전판을 벌였다. 시간도 보낼 겸, 술값도 보낼 겸 시작했으나 몇 차례 내 솜씨를 보더니 더 이상 나를 끼워 주지를 않았다. 가만히 앉아 술이나 먹으라고 하니 "굿이나 보고 떡이나 먹지"라는 속담에 딱 어울리는 격이 되고 말았다. 분통이 터지고 원망스러웠지만 어찌할 수도 없었다. 가만 생각해 보니 그리 나쁠 것도 없었다. 누가 따고 잃는지 승패를 감상하면서도 술은 제일 먼저 마실 수 있으니 그리 해롭지도 않은 일이다. 그때 벽 사이로 부인의 말소리가 들려왔다. 간드러지고 애교 있는 목소리가 꼭 제비와 꾀꼬리가 우는 것 같았다. 정신이 번쩍 들었다. 목소리로 보건대 주인집 아낙은 필시 절세가인임에 분명하다.

담뱃불 붙이러 간다는 핑계를 대고 부엌에 들어갔다. 오십은 족히 넘어 보이는 부인이 창 앞의 걸상에 앉았는데, 얼굴이 아주 험상궂고 못생겼다. 나를 보고는 제비와 꾀꼬리의 목소리로 이렇게 말했다. "복 많이 받으세요."

나도 대답했다. "주인께서도 큰 복을 누리세요."

나는 일부러 오랫동안 재를 뒤적거리면서 부인을 곁눈으로 흘깃흘깃 훔쳐보았다.●

급박하게 움직이는 소리가 들렸다. 무슨 일이 난 모양이었다. 옷을 챙겨 입으려는데 시대가 달려와 말했다.

"지금 열하로 가야 한답니다."

변군과 래원이 화들짝 놀라며 물었다.

"어디 불이라도 났소?"

나는 그들을 놀리기 위해 이렇게 말했다.

"황제가 열하로 가서 북경이 비어 있는 틈을 노려서 몽고 기병 십만 명이 쳐들어왔소."

그들은 놀라서 으악 소리를 질렀다.

사신이 머무는 상방으로 갔더니 온통 난리가 났다. 청나라 통역관 오림포 등이 분주히 움직이는데 얼굴빛이 영말이 아니었다. 그들은 자기 가슴을 두드리거나 뺨을 치거나 아예 자기 목을 자르는 시늉을 하며 외쳤다.

●「도강록」(渡江錄), 『열하일기』

"이제 카이카이開개될 판이라오."

'카이카이'는 목이 달아난다는 말이었다. "이 모가지 어쩌면 좋을까" 하고 팔팔 뛰는 이들도 있었다. 도무지 그 이유를 알 수 없었으나 하는 짓거리는 흉측하고 호들갑스러웠다.

사정은 이러했다. 황제는 매일같이 우리 사신이 오기만을 기다렸다. 그러다가 우리가 올린 문서를 받아 보고 분노했다. 예부에서 조선 사신을 열하로 오게 할 것인지 말 것인지를 묻지도 않고 달랑 문서만 올렸기 때문이었다. 황제는 그들에게 분노를 표하고는 감봉 처분을 명했다. 상서 이하 북경의 예부에 있는 사람들은 두려워 어찌할 바를 몰라 허둥대다가 마침내 우리에게 짐을 최소한으로 꾸려 빨리 열하로 떠나라고 독촉한 것이었다.●

중국을 바라보는 날카로운 시각은 『열하일기』 곳곳에서 어렵지 않게 찾아볼 수 있습니다. 그중 제가 '똥장'이라 부르는 글을 인용하겠습니다.

나는 삼류 선비에 지나지 않지만 중국의 장관에 대해 이렇게 말하고 싶다. 정말 장관은 깨진 기와 조각과 냄새나는 똥에 있었다고.

깨진 기와 조각은 사람들이 쓰지 않고 버리는 물건이다. 그러나 민간에서 담을 쌓을 때 깨진 기와 조각은 제값을 하고도 남는다. 어깨 높이 되는 곳에는 쪼개진 기왓장을 두 장씩 포개어 물결무늬를 만들고, 네 쪽을 안으로 모아 둥근 무늬를 만들며, 네 쪽을 밖으로 등을 대고 붙여 옛날 동전의 구멍 모양을 만든다. 기와 조각들이 서로 맞물려 만들어진 구멍들의 영롱한 빛이 안팎으로 비친다. 깨진 기와 조각을 내버리지 않은 까닭에 천하의 아름다운 무늬가 있게 된 것이다. 벽돌을 깔 수 없는 가난한 동네에서는 여러 빛깔의 유리 기와 조각과 냇가의 둥글고 반들반들한 조약돌을 맞추어 꽃, 나무, 새, 짐승 문양을 만드니, 비가 오더라도 땅이 진흙으로 변할 걱정이 없다. 자갈과 조약돌을 내버리지 않은 덕분에 천하의 훌륭한 그림이 있게 된 것이다.

똥은 세상에서 가장 더러운 물건이다. 밭 거름으로 쓰일 때는 다르다. 금처럼 귀한 존재가 된다. 길에는 버린 재도 하나 없으며, 말똥을 줍는 이들은 오쟁이를 둘러메고 말 뒤를 졸졸 따라다닌다. 이렇게 모은 똥을 네모반듯하게, 혹은 여덟 모나 여섯 모로, 혹은 누각이나 돈대 모양으로 쌓는다. 똥거름을 쌓아 올린 모양을 보니 천하의 문물과 제도가 여기에 있음을 알 수 있다. 그래서 삼류 선비는 이렇게 말한다. 기와 조각, 조약돌 그리고 똥이 바로 장관이라고.●●

사실 똥 장을 인용한 데에는 불순한 목적이 있습니다.

이와 비슷한 장면이 박제가가 쓴 『북학의』에도 등장하거든요. "중국에서는 똥을 황금처럼 아낀다"로 시작하는 「똥」糞, "중국 기와는 원통을 사등분한 모양이다"로 시작하는 「기와」瓦가 바로 그렇지요. 『북학의』를 번역한 안대회 선생에 따르면 이용과 후생을 강조한 『북학의』의 서문과 『열하일기』의 「도강록」도 비슷하고, 『북학의』의 「존주론」尊周論과 비슷한 내용을 언급하는 『열하일기』의 「일신수필」 부분은 문장까지도 매우 비슷하다고 합니다.• 그렇다면 선후가 문제일 텐데, 중국을 다녀온 시기(박제가 1778년, 박지원 1780년)나 책이 완성된 시기(『북학의』 1778년, 『열하일기』 1783년경 초고를 완성했을 것으로 추정)로 감안할 때 아무래도 박제가 쪽이 빠릅니다. 그렇다고 박지원이 『북학의』를 모방했다고 단언할 수는 없습니다. 당시 박지원과 박제가는 이른바 북학파의 일원으로 수많은 토론을 나누었으므로 그 종합적인 결과물이 각자의 이름을 단 책으로 나왔다고 볼 수도 있으니까요.(물론 문장까지 비슷하다는 문제 제기도 충분히 나올 수 있겠습니다만 이에 대한 규명은 제가 할 수 있는 일이 아닙니다.) 『북학의』에 단 박지원의 서문을 인용합니다.

『북학의』를 펴서 보니 『열하일기』와 조금도 어긋남이 없었다. 꼭 한 사람이 쓴 것 같았다. 그랬기에 재선은 즐

•안대회 외, 『초정 박제가 연구』, 사람의 무늬, 2013

거운 마음으로 책을 보여 줬을 것이다. 나 역시 흐뭇해서
사흘 내내 읽으면서도 지겨운 줄을 전혀 몰랐다.**

　말이 나온 김에 박지원과 박제가의 조금은 묘한 관계
도 간단히 짚고 넘어가겠습니다.

　내가 찾아왔다는 전갈을 들은 선생은 옷을 차려입고 나
와 맞으며 마치 오랜 친구라도 본 듯이 손을 맞잡으셨다.
지으신 글을 전부 꺼내 읽어 보게 하시더니 직접 쌀을 씻
어 밥을 하셨다. 밥이 다 되자 흰 주발에 담은 뒤 옥 소반
에 올려 가져오셨다.***

　두 사람이 처음 만났을 때의 기록입니다. 박지원의
'환대'가 눈에 들어옵니다. 손수 쌀을 씻어 밥을 짓는
모습에서 알 수 있듯 박제가를 극진히 대접합니다. 둘
은 한동안 잘 지냈던 것 같습니다. 서슴없이 돈을 많이
빌려달라는 박지원의 요청에서 보듯, 그리고 농담 반
진담 반으로 읽을 수 있는 박제가의 답장에서 보듯 둘은
한때 꽤 가까웠을 겁니다.

　구차하게 자주 부탁해 미안하지만 많으면 많을수록 좋겠
네. 술 단지를 함께 보내니 가득 채워 주게.

** 「북학의 서문」(北學議序), '연암집' 7권
*** 「백탑청록집 서문」(白塔淸綠集序), '정유각집' 문1권　　**59**

하인 편에 두 냥을 보냅니다. 술은 없습니다!●

하지만 박지원이 박제가를 마냥 좋아하지는 않았나 봅니다. 박제가는 자기 주관이 뚜렷한 사람입니다. 때로는 예의 없게 느껴질 만큼요. 아래 편지는 그런 박제가에게 보내는 일종의 경고장으로도 읽힙니다.

자네가 똑똑하고 꾀바르다고 해서 남들에게 잘난 체하거나 생명이 있는 존재를 무시해서는 안 되네. 남들에게 약간의 지혜와 꾀가 있다면 스스로 부끄러워하겠지. 그렇지 않다면 깔보거나 무시하는 게 전혀 의미가 없을 테고. 우리가 뭐 대단한 사람들은 아니라네. 냄새나는 가죽 주머니에 남들보다 문자 몇 개 더 지니고 있을 뿐이지. 나무 위의 매미 소리, 땅속의 지렁이 울음소리가 시를 읊고 책을 읽는 소리가 아니라고 장담할 수 있을까?●●

박지원의 진짜 마음은 아들에게 보낸 편지에서 더욱 잘 드러납니다. 박지원은 박제가가 갖고 있는 중국인의 시첩을 빌려서 자신에게 보내 달라고 합니다. 그런데 어쩌면 박제가가 빌려주지 않을 수도 있다는 말을 하면서 다음과 같은 표현을 씁니다.

박제가는 무상무도無狀無道하니 지극한 보물을 잠시라도

●「공작관(박지원)에게 답함」(答孔雀舘), '정유각집' 문4권
●●「초책에게」(與楚幘), '연암집' 5권

무상무도는 도리에 어긋난 사람을 칭하는 말입니다. 물론 이 말 한 마디로 둘의 사이가 틀어졌다고 보기는 어렵겠지요. 사람과 사람의 관계가 이것 아니면 저것이라는 이분법으로 간단히 정의될 수도 없고요. 그러나 박지원은 마음에 없는 말을 함부로 내뱉는 사람이 아니라는 사실 또한 알아야 합니다. 이덕무의 죽음에 자기자신을 잃은 것 같다고 가슴 아파하던 박지원은 정작 이덕무의 글에는 귀하게 여길 것이 못 된다는 엄격한 평가를 내렸습니다.●●●● 물론 여기에서 박지원과 박제가의 관계를 길게 설명한 까닭은 진실을 규명하기 위해서가 아닙니다. '관계'의 관점에서 글을 읽는 것도 나쁘지 않으리라는 생각을 전하기 위해서입니다. 지금에 비하면 조선은 좁은 사회라 관계의 관점에서 파악할 수 있는 것들이 생각보다 많습니다. 다시 원래 주제로 돌아가겠습니다.

'친구 찾기'라는 면에서만 보자면 김정희만큼 성공을 거둔 사람도 없습니다. 아버지 김노경의 자제군관으로 중국에 간 김정희는 평생의 스승이 된 옹방강과 완원 등 홍대용과 박지원이 만난 인물들과는 비교조차 불가한 명망 있는 이들과 사제의 연을 맺었습니다. 김정희는

●●●『연암선생서간첩』(燕巖先生書簡帖)(박희병, 『고추장 작은 단지를 보내니』, 돌베개, 2005에서 재인용)

●●●●『연암선생서간첩』(앞 책에서 재인용)

따로 연행록을 남기지는 않았지만 중국을 가려는 이들은 반드시 김정희를 거쳤을 만큼 방대한 인맥과 정보를 자랑했습니다. 놀랍게도 그 인맥과 정보는 평생 단 한 차례 방문한 중국행에서 구축되었지요. 김정희는 역관들을 집중 관리하는 방법을 통해 중국 권위자의 자리를 내놓지 않았습니다. 또 한 가지, 김정희의 인맥은 박제가로부터 시작되었다는 사실 또한 잊어서는 안 됩니다. 네 차례나 중국을 다녀왔던 박제가 역시 옹방강과 완원을 만난 바 있습니다. 그러니 어린 시절 박제가의 제자였던 김정희의 인맥은 어떤 의미에서는 박제가에게 물려받은 것이지요. 김정희는 중국을 방문하는 신위에게 옹방강은 꼭 만나야 한다고 신신당부를 했습니다.

자하(신위의 호) 선생이 만 리 길을 지나 중국으로 가게 되었다. 나는 괴이한 경치와 장엄한 광경이 무수히 많다는 것을 알지만 그 모든 것이 옹방강 노인 한 분을 뵙는 것보다 못하다고 생각한다.●

중국을 다녀온 문인 가운데 가장 이채로운 이는 최부입니다. 공무로 제주도를 방문했던 최부는 아버지의 부음을 듣고 육지로 향하는 배를 탔다가 조난을 당합니다. 표류 끝에 최부가 도착한 곳은 중국, 지금의 절강성이었지요. 이후 최부는 항주로 옮겨졌고 대운하를 통

●「중국으로 가는 신위를 송별하며」(紫霞先生入燕送別詩)(유홍준, 『완당평전 1』, 학고재, 2002에서 재인용)

해 북경에 이르렀다가 조선으로 귀환합니다. 한양에 도착한 후 성종의 명령에 따라 집필한 책이 바로 『표해록』입니다. 살펴보면 문학적인 글이라기보다는 보고서에 가까운 내용입니다. 제가 제일 재미있게 읽은 부분은 표류 당하던 즈음의 기록입니다. 『표해록』 초반부에서 최부는 풍랑 속에서도 기개를 잃지 않는 선비로 그려집니다. 정말 그랬을까 하는 의문이 조금은 듭니다. 최부의 행동은 고사에 많이 등장하는 인물처럼 전형적이거든요. 기록에 따르면 최부는 『표해록』을 여드레 만에 다 썼다고 합니다. 여드레 만에 끝낸 책치고는 완성도가 매우 높습니다. 당대 중국의 산천, 풍속, 습속 등을 꽤 정확하게 기록했으니까요. 『표해록』의 마지막 부분을 인용합니다.

신은 천재일우의 기회를 잡았지만 상을 당한 몸이라 유람을 즐기거나 빼어난 경치를 찾아볼 수는 없었습니다. 다만 수행하던 이들에게 위치를 확인하게 하고 지역을 묻도록 하기는 했으나 만에 하나 정도만을 건진 셈이므로 오직 대략만을 기록할 뿐입니다.●●

문인들이 가장 선망하는 이국이 중국이었다면 국내에서 가장 가 보고 싶어 한 곳은 바로 금강산이었습니다. 금강산 구경을 향한 크나큰 열망은 임금도 다르지 않았나 봅니다. 정조는 금강산을 보고픈 유혹을 이기지 못했는지 화원 김홍도에게 금강산의 절경을 그림으로 그려 오라는 명령을 내렸습니다. 서유구의 글로 읽어 봅니다. 문인의 마음을 살펴보고자 김창협의 금강산 여행기인 「동유기」 첫 부분도 함께 인용합니다.

김홍도는 일찍이 임금의 명을 받들어 비단 화폭을 가지고 금강산에 들어가 오십여 일을 머물면서 그림을 그렸다. 일만이천 봉우리와 구룡연 등 경승을 가려 뽑아 잘 살핀 후 형상을 본떠 수십 장 길이의 두루마리로 만들었다. 채색에 품격이 있고 고상하며, 붓놀림이 세밀하고 솜씨가 있으니 화원체의 그림이라고 소홀히 볼 수는 없다.●

어려서부터 금강산의 명성을 들었기에 늘 한번 유람해 보고 싶었다. 그러면서도 하늘에 있는 것처럼 우러러 보기만 할 뿐 누구나 갈 수 있는 곳은 아니라고 여겼다. 1671년 늦여름 아우 창흡이 말 한 필에 의지해 혼자서 내금강과 외금강을 두루 구경하고 돌아왔다. 그걸 보고 나는 금강산의 절경은 꼭 한 번 유람해야 할 만큼 아름다우며 그 유람이 걱정만큼 어렵지는 않을 것이라고 생각을 고쳐먹게 되었다. 8월에 창집 형님과 함께 가기로 약속을 하고 출발 날짜도 잡았다. 그런데 하루 전에 형님이 갑자기 자리에 누웠다. 혼자 가면 심심할 것 같기는 했지만 이

● 「우리나라의 화첩」(東國畵帖), '임원경제지'(林園經濟志) 104권(오주석, 『단원 김홍도』, 열화당, 1998에서 재인용)

미 시위를 떠난 화살을 멈출 수는 없는 노릇이었다.••

　김창협의 기록에 따르면 금강산을 다녀오는 데 총 31일이 걸렸다고 합니다. 김창협은 마음을 먹고 곧바로 실행에 옮겼지만, 금강산은 마음먹는다고 누구나 갈 수 있는 곳이 아니었습니다. 1795년 제주도에 흉년이 들었을 때 김만덕은 재산을 내놓아 많은 이의 목숨을 살렸습니다. 나라에서는 만덕에게 상을 주고 원하는 것을 물었는데 이때 만덕이 요청한 것이 바로 금강산 구경입니다. 조선 시대에 제주도민은 나라의 허락 없이는 제주도 밖으로 나올 수가 없었기 때문이지요. 만덕에 관한 글은 꽤 많은데 정약용을 인용합니다.

　나는 만덕에게는 세 가지 기특함이 있다고 말하고 싶다. 기생의 몸으로서 과부로 수절한 것이 첫 번째 기특함이고, 많은 돈을 기꺼이 내놓은 것이 두 번째 기특함이고, 섬에 살면서 산을 좋아함이 세 번째 기특함이다.•••

　사실 보통 선비들에게도 금강산은 쉽게 갈 수 있는 곳이 아니었습니다. 1756년 박지원은 친구 유언호, 신광온과 함께 금강산을 다녀왔습니다. 그런데 박지원은 친구들의 제안을 처음에는 완강히 거절합니다. 부모님이

•• 「동유기」(東游記), '농암집'(農巖集) 23권
••• 「만덕의 세 가지 기특한 점」(題耽羅妓萬德所得搢紳大夫贈別詩卷), '다산시문집' 14권

살아 계시므로 멀리 다녀오기는 힘들다는 이유를 들었지요. 그러나 속사정은 따로 있었습니다. 금강산을 다녀오려면 여비에다 부릴 하인도 있어야 하는데 가난한 박지원에게는 둘 다 없었던 것이지요. 다행히 또 다른 친구 김이중이 돈을 보내 준 덕분에 박지원은 금강산 구경의 뜻을 이루었습니다. 총석정을 보고 나서 완성한 장편시 「총석정에서 일출을 보다」叢石亭觀日出는 당대 사람들에게 명품으로 인정받은 훌륭한 작품입니다. 박지원은 이 시를 『열하일기』에도 수록할 만큼 애정을 보였습니다. 친구가 내준 여비가 아니었으면 탄생하지 못했을 작품이지요. 박지원이 금강산을 다녀오지 않았더라면 천 길 벼랑 위에 자기 이름을 새기고 다니는 기인 김홍연의 존재 또한 우리에게 전해지지 않았을 것입니다.

금강산을 유람할 때의 일이다. 만폭동에 들어서자마자 옛사람과 지금 사람들이 이름을 써 놓은 것이 보였다. 큰 글씨로 깊게 새겨 놓아 조금의 빈틈도 보이지 않았다. 사람들로 북적거리는 장날 같았고, 묘지에 빽빽하게 들어선 무덤 같았다. 옛날에 새긴 이름은 이끼에 묻혔고, 새로 새긴 이름은 붉은 빛으로 환히 빛났다. 하늘을 나는 새도 닿기 힘든 천 길 벼랑의 바위 위에 '김홍연'金弘淵 세 글자가 보였다. 나는 마음속으로 이상히 여기며 중얼거렸다. '위세 대단한 관찰사도, 기이한 경치 좋아하는 양사언

도 저런 곳에는 이름을 새기지 못했다. 도대체 어떤 인간이기에 석공에게 위험을 무릅쓰게 한 걸까?'

그 후 나는 우리나라 명산을 두루 돌아다녔다. 남으로는 속리산, 가야산에, 서쪽으로는 천마산, 묘향산에 올랐다. 외지고 깊숙한 곳에 이를 때마다 나는 세상 사람들이 오지 못한 곳에 도달했다고 여겼다. 아니었다. 그곳엔 이미 김홍연의 이름이 있었다. 화가 나서 욕을 퍼부었다. "홍연이 어떤 놈이기에 이다지도 당돌한가?"●

큰마음을 먹지 않으면 불가능했던 당시의 사정을 감안할 때 허만의 여행(금강산은 아니고 묘향산입니다)은 특별한 구석이 있습니다. 가난한 데다가 늙고 병들기까지 한 상태로 여행을 감행했으니까요. 이가환의 글입니다.

허만은 늙고 지쳤다. 하도 늙고 지쳐서 다리엔 힘이 하나도 없었다. 가세 또한 힘이 없긴 마찬가지였다. 하도 가난해서 하인과 말과 여비도 전혀 없었다. 하늘도 허만을 돕지 않았다. 장마철이라 햇볕 쨍쨍한 날이 열흘에 사흘밖에 안 되었다. 전염병이 기승을 부려 일가친척들은 다 달아났다. 그러한 때에 허만은 집을 나섰다. 사람들이 모두 그를 비웃었다.

허만은 대동강을 건너고 묘향산을 올랐다. 관서의 명승

지를 다 본 후 집으로 돌아왔다. 여정은 천 리가 넘었고, 지은 시는 백 편을 넘었다.●

이가환은 허만의 기개를 높이 샀지만 당대 사람들에게 허만은 이해불가의 인물이었습니다. 한 차례 여행에도 큰 비난이 쏟아지는 판에 집안은 돌보지도 않고 평생 여행만 한 사람은 어떻게 여겨졌을까요? 당대에는 희귀한 존재였던 전문 여행가 정란에 대해 이용휴가 쓴 글에 답이 있습니다.

대장부로 태어났으면 자신의 두 발로 서서 뜻을 펼치는 것이 마땅하다. 어찌 과거 공부 따위에 파묻히고 돈과 곡식을 헤아리고 적는 일에 허비하겠는가? 자기만의 뜻을 세운 정란은 우리나라의 아름다운 산수를 모두 구경했다. 바다를 건너 한라산을 보겠다고 하자 사람들은 모두 비웃었다. 그렇겠지. 뿌리까지 속물인 자들이 비난을 퍼붓는 건 당연하겠지. 그러나 수백 년 후엔 과연 어떻게 될까? 후세 사람들은 비웃었던 자들을 기억할까, 비난받았던 자를 기억할까? 나는 잘 모르겠다.●●

정란을 변호하는 뜻에서 일본의 대시인 바쇼의 글을

● 「관서 여행에서 돌아온 허만의 시문에 붙인 글」(許勝庵關西錄跋), ‘금대시문초’(錦帶詩文鈔) 하권
●● 「한라산으로 떠나는 정란을 전송하며」(送鄭逸士入海遊漢挐山), ‘탄만집’(歎勉集)

인용하겠습니다.

세월은 멈추는 일 없는 영원한 여행객이고, 오고 가는 해 또한 나그네이다. (……) 옛 선인들 중에도 많은 풍류인들이 여행길에서 죽음을 맞이했다.●●●

이백과 두보 그리고 바쇼는 모두 객사했습니다. 하지만 객지에서 죽었다는 이유로 그들을 비난하는 이들은 아마 단 한 명도 없을 것입니다.

그 시절에 여행이란 이토록 어려운 일이었건만 여행객은 끊이지 않았고 여행기도 끊이지 않았습니다. 여행을 즐기는 분들은 그 이유를 잘 알겠지요! 기왕 여행 이야기가 나왔으니 친구들과 북한산을 유람했던 이옥이 남긴, 젊은이다운 생기가 넘쳐흐르는 글 한 편을 소개합니다.

바람이 메말라 까슬까슬하고 이슬이 깨끗하여 투명한 것이 음력 8월의 멋진 절기다. 물은 힘차게 운동하고 산은 고요히 머물러 있는 것이 북한산의 멋진 경치다. 개결하고 운치 있으며 순수하고 아름다운 두세 사람이 모두 멋진 선비다. 이런 사람들과 여기에서 노니니 그 노니는 것이 멋지지 않을 수 있겠는가?

●●● 김정례, 『바쇼의 하이쿠 기행 1: 오쿠로 가는 작은 길』, 바다출판사, 2008

자동을 거친 것도 멋지고, 세검정에 오른 것도 멋지고, 승가사 문루에 오른 것도 멋지고, 문수사 수문에 올라간 것도 멋지고, 대성문에 임했던 것도 멋졌다. 중흥사 그윽한 골짜기에 올라간 것도 멋지고, 용암봉에 오른 것도 멋지고, 백운산 아래 기슭에 임한 것도 멋졌다.●

이렇게 멋지기에 사람들은 온갖 어려움을 무릅쓰고 기꺼이 여행길에 나서겠지요. 마지막으로 여행에 관한 글 가운데 백미를 들라면 저는 이용휴의 글을 뽑겠습니다. 모든 것을 떨치고 오로지 열린 마음과 튼튼한 두 발로만 떠나는 여행의 아름다움을 이보다 훌륭하게 묘사한 글은 여태 본 적이 없습니다.

말과 수레를 탄 사람들이 쉬지 않고 찾는 까닭에 금강산엔 먼지와 오물이 날로 쌓여 가기만 했다. 정유년 가을 하늘이 큰비를 내려 금강산을 씻어 냈다. 하늘의 도움으로 본래의 모습이 드디어 드러나게 되었다. 글 잘 쓰고 기이한 것을 좋아하는 신광하가 그 소식을 듣고 금강산으로 간다. 이전에 본 건 병들고 더러운 얼굴이지만 이제 볼 것은 깨끗하게 씻고 단장한 후 손님을 기다리는 얼굴이기 때문이다. 신광하가 다행히도 때 맞춰 유람을 결심한 것이다.
신광하가 떠나는 날은 마침 온 나라의 선비들이 과거를

보는 날이기도 하다. 신선과 보통 사람의 갈림길이라 불러야 마땅하겠지.••

4
{ 죽음이라는 글자 }

조선 문인들에게 죽음은 늘 가까이 있는 것, 피하려고 해도 도저히 피할 수 없는, 그래서 결국은 체념하거나 달관하고 함께 지낼 수밖에 없는 대상이었습니다. 신동원 선생은 조선 사람들의 평균 수명으로 24세라는 충격적인 수치를 제시했습니다.• 태어나서 1년을 넘기지 못하는 아이들이 많았기에 나온 결과입니다. 1930년대의 통계 자료에 따르면 다섯 살을 못 넘길 확률이 41퍼센트였습니다. 조선 시대에는 아마도 그보다 높으면 높았지 낮지는 않았을 것입니다. 그러니까 아이 둘 중 한 명은 몇 년 못 살고 죽었다는 뜻입니다. 기근이나 전염병 또한 평균 수명을 낮추는 주범이었습니다. '조선왕조실록'에는 전염병으로 10만 명 이상 죽은 경우가 여섯 차례나 기록되어 있으며••, 1670–1671년에 걸친 경신대

• 신동원, 『조선 사람의 생로병사』, 한겨레출판, 1999
•• 신동원, 『조선 시대 사람들은 어떻게 살았을까2』, 청년사,

기근으로 무려 100만 명의 사상자가 발생했다고 합니다.● 기근이나 전염병에 비교할 바는 아니지만, 당쟁의 격화로 많은 선비들이 죽임을 당했습니다. 문인들의 특성상 정계와 직간접적으로 관련을 맺은 경우가 많으므로 죽음의 충격은 그들에게 꽤 크게 느껴졌겠지요. 사정이 이렇다 보니 문인들의 글에 수많은 죽음이 동반자인 양 자주 등장하는 것은 당연한 현상입니다. 박지원의 글부터 소개합니다.

누님이 시집가던 날 새벽에 얼굴을 단장하던 모습이 엊그제처럼 선명하게 떠오른다. 그때 나는 여덟 살이었다. 나는 바닥에 드러누워 발버둥을 치다가 새신랑을 흉내 내 약간 더듬거리면서도 점잖은 어투로 말장난을 했다. 누님은 그 말에 몹시 부끄러워했다. 당황한 끝에 내 이마에 빗을 떨어뜨렸다. 화가 난 나는 울음을 터뜨렸다. 분에다 먹을 섞고 침까지 바른 뒤 거울에 문혔다. 누님은 조그만 오리 모양의 옥 노리개와 별 모양의 금 노리개를 내게 주며 울음을 그치라고 부탁을 했다. 지금으로부터 이십팔 년 전의 일이다.●●

박지원의 큰누님은 마흔세 살에 세상을 떠났습니다. 누님의 상여를 실은 배가 떠나가는 것을 보면서 박지원

2005
● 김덕진, 『대기근, 조선을 뒤덮다』, 푸른역사, 2008
●● 「누님을 기리며」(伯姊孺人朴氏墓誌銘), '연암집' 2권

은 28년 전, 누님이 시집가던 날 새벽의 일을 떠올립니다. 이 회상은 참으로 아름답지요. 어린 동생의 짓궂은 장난에 당황하는 누님의 모습이 손에 잡힐 듯 생생하게 그려져 있습니다. 오누이 간에 충분히 있을 법한 이 천진하고 유쾌한 사건은 당사자 중 한 명이 세상을 떠났다는 현실에 이르면 이내 깊은 슬픔으로 바뀌고 맙니다. 누님을 잃은 눈으로 바라보는 세상은 전과는 달라 보입니다. 이제 멀리 보이는 산은 누님의 쪽진 머리처럼 보이고, 강물 빛은 그때의 거울처럼 보이고, 새벽달은 누님의 눈썹처럼 보입니다. 이 슬프고도 아름다운 글은 이렇게 끝을 맺습니다.

눈물을 흘리며 누님이 빗을 떨어뜨렸던 그 옛날 일을 생각해 보면 어렸을 때의 일은 지금도 생생히 떠오를 뿐 아니라 즐거움도 참 많았고 세월도 느리게 갔다. 나이 든 후로는 늘 근심과 가난에 시달리다가 꿈처럼 빠르게 시간이 흘러 버렸다. 남매로 지냈던 날은 어찌 그리 짧기만 한 것인지.

박지원의 처남 이재성은 이 글을 보고는 세상 사람들의 구설에 오를까 두려우니 상자 깊숙이 감춰 두라는 충고를 건넸습니다. 왜 그랬을까요? 이 글은 묘지명입니다. 그렇다면 고인의 행적과 인품 등을 상세히 기술하는 것이 보통입니다만 우리가 읽은 부분엔 그런 서술이 하나도 없지요. 형식을 중요시하는 당대 사람들의 비난을 살 만한 여지가 충분했다는 뜻입니다. 뒤에 다루겠지만 당시 사람들은 박지원의 글에 필요 이상으로 깊은 관심을 기울이고 심지어는 비난을 퍼부었습니다.

하늘과 땅 사이에 나는 혼자였다. 오직 손암 선생만이 나의 지기가 되어 주었다. 지금 나는 손암 선생을 잃었다. 이제부터 내가 터득하는 것은 도대체 누구에게 말을 해야 할까? 사람에게 지기가 없다면 차라리 죽는 게 낫다. 아내도 나의 지기가 아니고, 아들도 나의 지기가 아니고, 다른 형제와 일가친척도 지기가 아니다. 나를 알아주었던 지기가 죽었으니 어찌 슬프지 않겠는가?•

정약용의 글입니다. 손암 선생은 정약용의 둘째 형 정약전을 말합니다. 글에서도 나타나듯 정약전은 단순히 네 살 많은 형이 아니라 정약용의 둘도 없는 친구였습니다. 정약용은 열일곱 살에 동림사라는 절에서 머문 적이 있습니다. 그때 함께 지낸 이 또한 정약전이었지요. 아직 젊고 어렸던 형과 아우가 함께 공부하던 그 시절의 모습은 얼음처럼 맑고 투명합니다.

형님은 『상서』를, 나는 『맹자』를 읽었다. 첫눈이 가루처럼 바닥을 덮었고, 계곡의 물은 얼어붙기 직전이었다. 산의 나무는 물론이고 대나무마저도 추위에 파랗게 변해 움츠렸다. 아침저녁으로 거니노라면 저절로 정신이 맑아졌다. 아침에 일어나면 시냇물로 달려가서 양치질하고 얼굴을 씻고, 식사 시간을 알리는 종이 울리면 스님들과 나란히 앉아 밥을 먹는다. 날이 저물어 별이 보이면 언덕에 올라 휘파람 불며 시를 읊고, 밤이 되면 스님들이 게송을 읊고 불경을 외우는 소리를 듣다가 다시 책을 읽는다.●●

그렇듯 가까운 사이였음에도 두 사람은 무려 15년 동안 얼굴 한 번 볼 수 없었지요. 정약용은 강진에, 정약전은 흑산도에 유배되어 있었기 때문입니다. 동생이 보고팠던 정약전은 강진과 조금이라도 더 가까운 우이도로 거처를 옮기기까지 했지만 결국 만나지 못한 채 세상을 떠났습니다. 정약용의 글에는 형의 죽음 앞에서 아무것도 할 수 없는 자신에 대한 분노가 그대로 드러나 있습니다. 15년 전 두 사람은 나주 근처 율정에서 헤어졌습니다. 그때의 심정을 그린 정약용의 시입니다.

초가 주점의 새벽 등불 깜박깜박 꺼지기 직전
일어나서 샛별을 보니 이제는 이별의 시간
두 눈만 크게 뜨고 우리는 침묵을 지킨다.

●● 「동림사에서 독서한 기록」(東林寺讀書記), '다산시문집'
13권

목소리를 억지로 바꾸다 보니 오열이 되고 마네.•

정약용과 박지원에게는 공통점이 하나 있습니다. 두 사람 모두 형수님을 먼저 저세상으로 떠나보냈습니다. 핵가족 시대인 지금이야 형수님 얼굴을 볼 날이 그리 많지 않지만 예전에는 형제자매만큼이나 가까운 사이였고, 나이 차이가 많은 형수님은 큰누님이나 어머니 같은 특별한 존재였습니다. 정약용의 글과 박지원의 글을 차례로 살펴봅니다. 두 편 모두 각기 다른 이유로 슬프고 아름답습니다.

어머니께서 세상을 버리셨을 때 약용의 나이 겨우 아홉 살이었다. 머리에는 이와 서캐가 득실거렸고 얼굴에는 때가 더덕더덕 붙었다. 날마다 힘들게 빗질하고 씻긴 건 바로 형수였다. 그러나 약용은 그게 싫어서 몸을 흔들며 달아나서는 형수 곁으로 가려 하지 않았다. 형수는 빗과 세숫대야를 들고 따라와서 약용을 어루만지며 제발 씻으라고 사정을 했다. 달아나면 잡으러 오고 울면 놀렸다. 꾸짖고 놀려 대는 소리가 뒤섞여 떠들썩했다. 온 집안이 그 일로 한바탕 웃곤 했다. 모두들 약용을 밉살스럽게 여겼다.••

• 「율정에서 이별하다」(栗亭別), '다산시문집' 4권
•• 「형수님을 기리며」(丘嫂恭人李氏墓誌銘), '다산시문집' 16권

연암 골짜기의 풍경을 좋아한 나는 가시덤불을 직접 베어 내고 나무에 의지해 집을 지었다. 그런 뒤 형수님을 만나 이렇게 말했다.

"우리 형님이 이제 늙었으니 당연히 이 아우와 함께 시골에서 살아야 합니다. 담 주위엔 뽕나무 천 그루를, 집 뒤에는 밤나무 천 그루를, 문 앞에는 배나무 천 그루를, 시냇가에는 복숭아나무와 살구나무 천 그루를 심을 겁니다. 작은 연못에는 어린 물고기를 잔뜩 풀어놓고, 바위 절벽에는 벌통 백 개를 놓고, 울타리 사이에는 소 세 마리를 묶어 둘 겁니다. 제 아내가 길쌈하는 동안 형수님은 여종이 들기름 짜는 것을 지켜보시면 됩니다. 밤에 이 시동생이 옛사람의 글을 읽을 수 있게요."

깊은 병을 앓고 있던 형수님은 자기도 모르게 벌떡 일어나셨다. 머리를 손으로 떠받치고 한번 웃으며 말씀하셨다.

"그게 내가 오래전부터 바라던 것이랍니다."

그 뒤로 나는 형수님이 오시기를 밤낮으로 간절히 바랐다. 하지만 심어 놓은 곡식이 익기도 전에 형수님은 세상을 떠나셨다. ●●●

조선 시대와 지금의 가장 큰 차이는 아이들의 죽음입니다. 정약용의 사례를 살펴보는 게 좋겠습니다. 정약용은 6남 3녀를 낳았는데 살아남은 아이가 2남 1녀였고, 죽은 아이가 4남 2녀였습니다. 그중에는 이름도 지어 주기 전에 죽은 아이도 있었지요. 「아들 농을 묻으며」에는 1780년부터 1802년까지 차례로 죽은 아이들의 사연이 모두 언급되어 있습니다. 일종의 죽음의 기록인 셈이지요. 더 슬프고 덜 슬픈 죽음은 없겠지만 막내아들 농을 향한 정약용의 감정은 유달리 슬퍼 보입니다. 농은 정약용이 천주교 문제로 곤란을 겪던 시절에 태어나 정약용이 유배된 후에 세상을 떠났습니다. 아버지로서 자식에게 해야 할 도리를 전혀 하지 못하고, 곁에 두고 제대로 돌보지도 못했기에 정약용의 마음은 더욱 아팠지요. 그랬기에 정약용은 아들을 보내면서 이렇게 썼습니다.

내가 죽으면 황령을 넘어 고향에 도착할 터, 이것이 내가 죽는 것이 사는 것보다 나은 까닭이다. 나는 죽는 것이 사는 것보다 나은데 살아 있고, 너는 사는 것이 죽는 것보다 나은데 죽었다. 이는 내가 어찌할 수 없는 일이다.●

유만주의 사연 또한 많은 것을 생각하게 합니다. 사학자로 이름을 날리기를 꿈꾸며 스물한 살부터 하루도 빼놓지 않고 일기를 써 왔던 유만주는(앞서 언급한 바 있는 유한준의 아들임을 여기서 밝힙니다) 돌연 일기를 중단할 결심을 밝힙니다. 열다섯 살이 된 맏아들 구환이 세상을 떠났기 때문입니다.

　●「아들 농을 묻으며」(農兒壙志), '다산시문집' 17권

아들이 죽었다. 글을 써도 전해 줄 이가 없다. 글을 써도 평가해 주거나 정돈해 줄 이가 없다. 이게 글을 그만 써야 겠다.**

어린 자식의 죽음도 가슴 아프지만 장성한 자식의 죽음은 또 다른 아픔입니다. 상진의 글입니다.

지난해엔 네가 자식을 잃었고, 올해는 내가 너를 잃었다. 헤어지는 부자간의 정이야 네가 먼저 알았겠지. 너 죽었을 때 내가 울었으나 나 죽을 때는 누가 울어 줄까? 내 손으로 너를 묻었으나 나는 누가 묻어 줄까? 늙은이 통곡에 청산도 찢어진다.***

상진은 아들이 하나뿐이었다고 하니 그 슬픔의 무게를 짐작할 수 있습니다. 그런데 이익도 아들을 잃은 상진에 대한 기록을 남겼습니다. 이 글을 읽으면 상진이라는 사람의 인품을 존경하지 않을 수가 없습니다.

남을 해칠 마음을 갖지 않고 평생을 살아왔지만 그래도 한 가지가 걸리는구나. 평안도 관찰사로 있던 시절 백성에게 파리를 잡으라는 명령을 내렸고 이 때문에 시장에서는 파리를 파는 사람까지 생겨났으니 내가 아들을 잃

** 『홈영』

*** 「죽은 자식에게」(祭亡子文), '범허정집'(泛虛亭集) 5권

은 건 아무래도 그때 일에 대한 앙갚음인 모양이다.●

이익 또한 장성한 아들을 잃었습니다. 그런데 아들이 죽은 후 이익이 한 행동은 좀 특별합니다. 이익은 아들 맹휴가 병에 걸리자 끼니를 거르고 잠을 줄여 가며 아들을 돌보았습니다. 그런데 막상 아들이 세상을 떠나자 이익은 곧바로 방으로 들어가 코를 골며 잠을 잤습니다. 어찌 그럴 수 있느냐고 묻는 이에게 이익은 이렇게 답했다고 합니다.

자식이 병에 걸렸을 때는 밤낮으로 간호해 병을 낫게 하는 것이 내가 해야 할 일이다. 그런데 그 아들은 죽었고 그것은 운명이니 어찌 내가 운명과 맞서 싸울 수 있겠는가? 편히 잠을 자고 끼니를 먹으며 여생을 마치는 것이 이제 내가 할 일이다.●●

죽음이 산 자와 함께 거주하던 세상이다 보니 자신이 곧 죽는다는 사실을 직감하는 경우도 많았습니다. 의학이 발달하지 않았던 조선 시대에는 수많은 불치병이 존재했습니다. 오늘날 같으면 쉽게 고칠 병도 조선 시대에는 걸리면 끝이었습니다. 곧 죽을 것을 알면서 살아나가는 사람들, 그것도 아직 나이가 많지 않았던 청년들의 심정은 도대체 어떠했을까요?

●「참새 새끼와 파리를 죽인 일」(殺鷇捕蠅), '성호사설' 9권
●●「손식노에게」(與孫拭魯), '낙하생집'(洛下生集) 16권

죽음을 눈앞에 둔 금각은 스스로 글을 지어 제사를 지
냈다.
"아버지, 어머니! 나를 위해 곡을 하지 마십시오. 아, 정
말로 비통합니다!" ●●●

금각은 허균의 친구였는데 겨우 열여덟 살에 세상을
떠났습니다. 곧 죽을 것을 아는 금각의 비통함이 우리
마음을 아프게 찌릅니다. 스물일곱 창창한 나이에 죽은
역관 시인 이언진은 또 어떤가요? 이언진은 죽기 전에
자신이 그 동안 썼던 시를 모조리 불태웠습니다. 그때
이언진이 품었던 마음을 박지원은 「우상전」(우상은 이언
진의 자)이라는 글에서 이렇게 썼지요.

병이 위독하여 죽게 되자 그동안 지어 놓은 작품들을 모
조리 불태우면서 "누가 다시 알아주겠는가" 하고 한탄을
했다. 그 뜻이 어찌 슬프지 않겠는가! ●●●●

이언진의 생각과는 달리 세상은 그의 시를 외면하지
않았습니다. 잿더미 속에서 수습한 그의 시 일부는 벗
들에 의해 『송목관신여고』松穆館燼餘稿라는 이름으로 간
행되었으며 오랜 세월이 지난 지금 이언진은 조선 시대
를 대표하는 시인이라는 평가를 받고 있으니까요. '송

●●● 「금각을 기리며」(琴君彦恭墓誌銘), '성소부부고' 17권
●●●● 「우상전」(虞裳傳), '연암집' 5권

목관'은 이언진의 호이며, '신여고'는 타다 남은 원고라
는 뜻입니다. 일찍이 그의 자질을 알아보았던 이용휴의
만시를 읽어 볼까요. 이 시 또한 「우상전」에 실려 있는
데 무슨 까닭인지 박지원은 이용휴가 썼다고 밝히지 않
습니다. 남인에 대한 좋지 않은 감정 때문이라는 해석
이 있습니다.

그는 보잘것없는 필부였다.
그가 죽으니 사람의 수가 줄었음을 알겠다.
이 어찌 세상의 도와 무관할까?
사람들은 빗방울처럼 많고도 많건만.

죽음을 다룬 글 가운데 가장 많은 것은 역시 부모의
죽음을 다룬 글이겠지요. 평범한 제문보다는 특별한 글
을 살펴보는 게 좋겠습니다. 유만주의 둘도 없는 친구
임노의 아버지가 세상을 떠났을 때의 일입니다.

임노가 말했다.
"바다에 뜬 달은 원래는 처량하고 슬픈 물건은 아니지.
그런데 북쪽 먼 곳에서 바다에 뜬 달을 보면 마음이 몹시
아파. 기러기 우는 소리가 들려오면 마음이 아예 찢어지
는 것 같지. '기러기 혼자만 고향으로 돌아간다'라는 시의
구절을 읽었을 때처럼."•

이 글에 대한 해설은 제가 『고전 산문을 읽어봐』에 썼던 것으로 대신하겠습니다.

임노는 유만주의 좋은 친구였다. 임노가 한 말의 의미를 정확히 이해하기 위해서는 배경 지식이 필요하다. 임노의 아버지는 함경도 단천으로 유배를 갔다가 그곳에서 세상을 떠났다. 임노는 아버지의 유해를 모셔 오기 위해 단천으로 가야만 했다. 그래서 북쪽 먼 곳, 바다에 뜬 달이라는 표현이 나왔다. 그 달이 처량하고 슬프다는 표현이 나왔다. 임노는 아버지를 잃은 그 외롭고 슬픈 순간에 달을 보았던 것!

그런데 죽은 이의 부재는 어떤 사건을 계기로 더욱 강하게 느껴지기도 합니다. 그 대상이 부모일 경우에 그 감정은 뜨겁고 서러울 수밖에 없겠지요. 박지원의 글입니다.

네 살짜리 어린 자식은 이제 조금 분별이 생겨서 남을 보고 아버지, 어머니라 부르지 않을 정도는 되었지요. 늘 품에 안고 다니며 입으로 수십 글자를 가르쳐 주었는데 어느 날 갑자기 이렇게 묻더군요. "나는 아버지가 있는데 아버지는 왜 아버지가 없나요? 아버지의 어머니는 어디

있나요? 아버지도 젖을 먹었나요?"

나도 모르게 아이를 무릎에서 밀쳐 버리고 목 놓아 한참 울었답니다.●

박제가에게 아버지란 존재는 특별합니다. 박제가가 서얼이었기 때문입니다. 박제가의 아버지 박평은 박제가가 열한 살 때 세상을 떠났습니다. 그 후 박제가의 어머니는 본가에서 나와 따로 살았습니다. 여인의 몸으로 아이를 키우느라 삯바느질도 마다하지 않았지요. 고생하는 어머니를 보면서 박제가는 아버지를 참 많이도 원망했을 것입니다. 그렇게 5-6년을 보낸 어느 날 박제가는 자신의 옛날 물건을 꺼내서 살펴봅니다. 그중에는 박제가가 어릴 적에 만든 손바닥만 한 책들도 있었지요. 그 책들이 더욱 특별한 까닭은 달마다 아버지가 구해 준 종이로 만들었기 때문입니다. 박제가는 이렇게 썼습니다.

내 나이 열한 살 때 아버지가 돌아가셨다. 묵동에서 필동으로 여러 차례 이사 다니는 오륙 년 사이 책들은 거의 다 흩어졌다. 내 어린 시절을 추억할 거리가 없어져 버린 셈이니 어찌 남아 있는 이 책들이 소중하지 않겠는가?●●

●「황승원에게 쓴 감사 편지」(謝黃允之書), '연암집' 3권
●●「어린 시절에 만들었던 맹자책」(閱幼時所書孟子叙), '정유각집' 문1권

86

박제가가 말하는 "어린 시절을 추억할 거리"엔 분명 아버지를 추억하는 것도 들어 있었겠지요. 역시 서얼인 유득공은 다섯 살 때 아버지를 잃었습니다. 어린 나이였기에 박제가만큼 구체적인 추억도 없었습니다. 그런 그에게 아버지에 대해 알려 준 이들은 아버지의 친구들과 어머니였지요.

나는 다섯 살 때 아버지를 여의고 외가에서 컸다. 관례를 치른 후 아버지의 친구를 찾아 인사를 드렸더니 이렇게 말씀하셨다.

"잘생겼다. 아버지를 쏙 빼닮았구나."

나는 눈물 흘리면서 집으로 돌아와 아버지께서 지은 책과 베껴 쓴 책을 찾아냈다. 엎드려서 읽으면서 울었다. 어머니께서 보시고 말씀하셨다.

"네 아버지는 『주역』을 좋아하셨다. 수없이 읽고 베끼셨으며 새벽에 닭이 울 때까지 붙들고 계셨다. 지금 그 책이 있더냐?"

나는 울면서 없다고 답했다. 어머니는 아버지께서 돌아가신 후 이곳저곳을 떠돌아다니느라 책을 많이 잃어버렸다고 말씀하시며 탄식하셨다. 비록 가난한 집에 태어났지만 나는 발분해서 공부를 했다. 글을 지었다. 주위에서 나를 칭찬하는 사람들이 생겼다. ●●●

●●● 「아버지를 기리며」(先府君墓誌), '영재집'(泠齋集) 6권   **87**

형평을 기하려면 세상을 떠난 어머니를 추억하는 글도 소개해야겠지요. 어머니를 위해 『구운몽』九雲夢을 지은 것으로 알려진 소문난 효자 김만중의 글입니다.

어머니는 자애로우신 분이었으나 무척 엄격하시기도 했다. 어머니는 항상 우리 형제에게 이렇게 말씀하셨다. "남들과 처지를 비교해서는 안 된다. 재주와 학문이 남들을 넘어서 최고가 되어야 한다. 세간에서 행실이 부족한 이를 욕할 때 과부의 자식이라는 말을 쓴다. 너희들은 이 말을 뼛속 깊이 새겨야 한다."
우리 형제가 잘못이라도 저지르면 회초리로 때리면서 울먹이셨다. "너희 아버지께서 나에게 너희를 맡기고 세상을 떠나셨다. 너희들의 행실이 이 정도라면 지하에서 아버지 얼굴을 볼 면목이 없다. 공부도 하지 않고 사느니 빨리 죽는 게 낫다."●

김만중은 유복자였습니다. 그러므로 어린 김만중을 가르친 사람은 어머니였지요. 어머니의 매서운 가르침이 없었더라면 오늘날 우리가 아는 김만중은 존재하지 않았을 겁니다. 그렇다 해도 김만중의 어머니는 참으로 매섭습니다. 김만중이 어머니를 회상하며 '화가 많았던 분'이라고 표현한 이유를 짐작할 수 있겠습니다.

이제 이이의 글을 살펴볼 텐데, 글이 훌륭해서라기보

●「어머니를 기리며」(先妣貞敬夫人行狀), '서포선생집'(西浦先生集) 10권

다는 어머니가 그 유명한 신사임당이라는 이유가 더 큽니다. 또 다른 이유도 있습니다. 먼저 글부터 읽어 보시지요.

어려서부터 경전에 통달하셨으며 글을 잘 지으셨으며 그림도 잘 그리셨다. 타고난 자질은 온화하고 우아하셨으며 지조는 곧고 깨끗하셨다. (……) 아버지에게 시집오게 되었을 때 외할아버지는 이렇게 말씀하셨다. "나는 딸이 많은 까닭에 딸들이 시집을 가도 별로 서운하지 않았다네. 그런데 이 아이만큼은 내 곁을 떠나보내기가 싫다네."●●

이이의 설명대로라면 신사임당은 완벽한 인간입니다. 하긴, 자식에게 어머니는 온 세상이나 마찬가지일 테니 그리 잘못된 견해는 아닙니다. 그런데 이이에겐 예상 못한 반전이 있습니다. 아버지가 세상을 떠났을 때는 그 어떤 추모의 글도 남기지 않은 것입니다. 때로는 침묵이 문장보다 더 긴 말을 하지요. 이이가 아버지에게 어떤 마음을 품었을지는 여러분이 한번 추측해 보기 바랍니다.

죽음을 앞에 두고 남긴 유언 가운데 가장 널리 알려진 것은 이황의 말이겠지요. 제자인 이덕홍의 기록에 따르면 병세가 위중한 가운데에도 이황은 방 안의 매화를 보곤 "매형梅兄에게 불결한 모습을 보이니 마음이 불편하구나"● 하고 말했답니다. 박지원이 병을 앓는 중에 썼다는 '인순고식 구차미봉'因循姑息 苟且彌縫●●도 꽤 유명합니다. 인순고식은 낡은 인습에서 벗어나지 못하고 순간의 편안함만 추구하는 행위를, 구차미봉은 문제를 제대로 해결하지 않고 임시변통으로만 대처하고 넘어가는 행위를 말합니다. 나태하고 안일한 삶을 경계하는 이 여덟 자에 박지원이 견지해 왔던 평생의 태도가 담겨 있다고 볼 수 있겠지요.

당사자가 직접 쓴 죽음에 관한 글도 있습니다. 자신에게 다가올 죽음을 생각하고 온 정성을 기울여 쓴 글이니만큼 진정성만큼은 최고라고 말할 수 있겠지요. 서유구의 글입니다.

젊어서는 성실했고 장성해서는 걱정이 많았고 늙어서는 혼미했다. (……) 팔십 년 세월을 온통 낭비한 끝에 부끄럼 모르고 붓을 잡은 채 돌 조각을 빌려 문장을 꾸미고 있다. 아무것도 이루지 못했다는 걸 전혀 모르고 있으니 크게 잘못된 것 아니겠는가?●●●

● 「죽음 직전의 기록」(考終記), 『언행록』(言行錄) 5권, '퇴계집'(退溪集)
●● 『과정록』(過庭錄)(박희병, 『나의 아버지 박지원』, 돌베개, 1998에서 재인용)
●●● 「다섯 가지를 낭비한 사람」(五費居士生壙自表), 『풍석전집』(楓石全集), '금화지배집'(金華知非集) 6권

여든을 눈앞에 둔 서유구가 자기 인생의 키워드로 잡은 문자는 비費, 즉 낭비입니다. 서유구는 다섯 가지를 낭비하며 인생을 살았다며 안타까워했습니다. 그중 하나가 30년 넘게 매달렸던 박물학서 '임원경제지'를 경제적 사정으로 목판에 새기지 못한 것입니다. 다행히 '임원경제지'는 후손들이 잘 보관해 오다가 일제강점기에 필사본이 만들어져 세상에 널리 알려지게 되었습니다. '임원경제지'는 113권 52책 250만 자에 달하는 거질입니다. 이것 하나만 보더라도 서유구의 인생은 사실 낭비와는 거리가 먼 삶이었습니다. 그런데도 자신의 삶에 낭비라는 이름을 붙였으니 게으른 저는 고개를 들기가 어렵습니다.

꼼꼼하고 깐깐한 정약용 또한 무덤에 넣을 글을 직접 썼습니다. 자신의 일생을 놀랍도록 자세히 기록한 점이 가장 먼저 눈에 들어옵니다. 그러나 저는 살아온 모습을 돌아보고 겸허히 받아들이는 다음 문장을 잊을 수가 없습니다.

그 사람됨이 선을 즐기고 옛것을 좋아하며 행동에는 과단성이 있었는데 마침내 그것 때문에 화를 당했으니 운명이다.••••

글이 길어졌지만 이황이 스스로 쓴 묘갈명을 인용하

면서 마치고자 합니다. 이황은 자신이 죽으면 남은 이들이 자신의 업적을 과대 포장할 것이 두려워 직접 묘갈명을 썼습니다. 이황의 소박한 인품, 그래서 더 위대한 삶이 담겨 있습니다.

태어났을 때는 크게 어리석었고, 자라서는 병치레로 시달렸다. 그사이 배운 것이 얼마나 되었다고 늙어서는 벼슬을 탐했던가? 배움을 구했으나 길은 멀었고, 벼슬을 사양할수록 주렁주렁 달렸다. (……) 시름 가운데 즐거움이 있고, 즐거움 속에 시름이 있는 것 아니겠는가? 죽으면 남김없이 돌아가리니 다시 무엇을 구하겠는가?●

●「스스로 죽음을 기록하다」(墓碣銘), '퇴계집' 부록(이승수, 『옥 같은 너를 어이 묻으랴』, 태학사, 2001에서 재인용)

5
{ 모두가 가난한 나라 }

조선 문인들의 글에 죽음보다 더 자주 등장하는 소재가 있으니 바로 가난입니다. 김홍도가 아들 김양기에게 보낸 편지를 먼저 살펴봅니다.

날씨가 꽤 춥다. 집안 식구는 모두 잘 있고? 공부는 잘되고? 내 병의 상태에 대해선 네 어머니에게 보낸 편지에 자세히 썼으니 더 말하지 않겠다. 김동지가 직접 전하기도 했으리라 믿는다. 네 선생에게 수업료를 보내지 못하는 게 한스럽다. 정신이 어지러워 더 쓰지는 못하겠구나.●●

말년의 김홍도는 무척 가난했던 모양입니다. 젊은 시절 김홍도는 그야말로 잘나갔습니다. 도화서 화원이 되

●●「록아에게」(寄祿兒), 『단원유묵첩』(檀園遺墨帖)   93

어 정조의 사랑을 한 몸에 받았습니다. 화원 출신으로는 드물게 연풍 현감에 오르기도 했습니다. 거금을 내고서라도 김홍도의 그림 한 점을 받으려는 사람이 줄을 지을 정도였습니다. 그런 그가 어쩌다 아들 수업료도 내기 힘든 형편에 몰렸을까요? 조희룡이 쓴 글에서 한 가지 이유를 짐작해 볼 수 있습니다.

어떤 사람이 김홍도에게 무척 귀한 매화 한 그루를 팔러 왔다. 돈이 없어 입맛만 다시고 있는데 그림을 요청하는 이가 삼천 전을 보내왔다. 김홍도는 이천 전으로 매화를 사고 팔백 전으로는 술을 잔뜩 사서 친구들을 불러 함께 매화를 감상했다. 남은 이백 전으로는 쌀과 땔나무를 샀으니 삼천 전은 하루의 계책도 못 되었다. 그의 소탈하고 광달함이 이와 같았다.●

광달이란 도량이 넓고 크다는 뜻입니다. 한 시대 예술계를 이끌었던 조희룡의 눈에는(조희룡은 굉장한 부자였다고 하지요) 삼천 전에 연연하지 않는 태도가 광달해 보였겠지만 우리 같은 보통 사람들은 쉽게 동의하기 어렵습니다. 형편이 넉넉하다면 또 모를까, 당장 먹고살기도 빠듯한데 그의 관심은 오직 실용과는 무관한 매화만을 향해 있었습니다. 매화에서 밥이 나오고 국이 나오지 않는다는 사실을 잘 아는 가족들로서는 그야말

　　　　●「김홍도전」(金弘道傳), 『호산외기』(壺山外記)

로 속 터지는 일이었겠지요. 매화 이야기가 나온 김에 이번에는 매화를 이용해 돈을 벌려고 한 사람의 글을 소개하겠습니다.

> 그대에게 먼저 윤회매 한 가지를 팔아서 값을 정하고 싶소. 가지가 가지답지 못하고, 꽃이 꽃답지 못하고, 꽃술이 꽃술답지 못하고, 꽃술머리가 꽃술머리답지 못하고, 상 위에 두어도 빛을 발하지 않고, 촛불 아래 두어도 성긴 그림자가 생기지 않고, 거문고와 짝했을 때 기이한 흥취를 자아내지 않고, 시를 써도 운치가 생기지 않는 등의 일이 단 하나라도 있다면 영원히 물리쳐도 원망하는 말 한마디 안 할 거외다.●●

박지원이 서상수에게 윤회매를 팔기 위해 보낸 편지입니다. 윤회매는 밀랍으로 만든 매화를 말하는데 창안한 사람은 이덕무였고 박지원은 그에게 만드는 법을 배웠습니다. 둘의 목적은 크게 달랐습니다. 이덕무가 감상의 차원에서 윤회매를 만들었다면 박지원은 생계 수단으로 윤회매를 만들어 판매까지 시도했습니다. 그런데 흔히 볼 수 없는 희귀한 상품이라 얼마를 받아야 적당한지 알 수 없었기 때문에 감식안이 높은 서상수에게 먼저 보내 일종의 감정을 의뢰한 것이지요. 이덕무에 따르면 서상수는 19푼을 매겼습니다. 박지원이 서상수

의 감정 결과를 판매가로 삼았음은 그가 이덕무에게 보
낸 편지로 알 수 있습니다.

화병에 윤회매 열한 송이를 꽂아 팔아서 동전 스무 닢을
받았소. 형수에게 열 닢, 아내에게 세 닢, 딸에게 한 닢
주었소. 형님 방 땔나무 값으로 두 닢, 내 방 값으로도 두
닢, 담배 값으로 한 닢을 썼더니 묘하게도 한 닢이 남았
소. 이렇게 보내 올리니 웃으면서 받아 주면 좋겠소.●

이 한 닢을 이덕무는 어떻게 썼을까요?

그때 마침 나는 뚫어진 창을 발라야 하는 상황이었다. 종
이는 있었지만 풀이 없었다. 무릉씨(박지원의 호)가 준 돈
한 닢으로 풀을 사서 발랐으니, 금년에 귀도 울리지 않고
손도 얼어 터지지 않은 것은 다 무릉씨 덕분이다.

'한 푼 줍쇼'라는 관용적 표현에서도 알 수 있듯 한 푼
(닢)은 그리 큰돈이 아닙니다. 이 한 푼을 귀중품이라도
되는 양 주고받는 상황에서도 우리는 박지원과 이덕무
모두 부유함과는 거리가 먼 이들이었음을 알 수 있습니
다. 박지원이 어떤 형편인지 보여 주는 편지 두 통부터
살펴봅니다.

문 앞의 빚쟁이들 기러기처럼 줄을 섰고
방 안의 취한 놈들 고미 꿰미처럼 잠을 자네

당나라의 호걸 시인 이파가 쓴 시랍니다. 지금 나는 차가운 방에 외로이 지내고 있습니다. 냉담한 모습은 선경에 든 중 같지요. 다만 문 앞에 기러기처럼 늘어선 놈들의 두 눈깔이 너무도 가증스럽습니다.••

남에게 부탁하는 것과 남에게 주는 것 가운데 어느 것이 싫으냐고 물으면 모두들 부탁하는 게 싫다고 할 겁니다. 남에게 주는 사람의 마음이 부탁하는 사람의 마음과 같다면 남에게 주는 사람은 단 한 명도 없겠지요. 그런데 지금 나는 부탁하지도 않았는데 후하게 받았습니다. 그대는 그야말로 남에게 주는 것을 즐기는 분이로군요.•••

앞의 글은 성백(둘째 매형 서중수로 추측), 뒤의 글은 대호라는 사람에게 보낸 편지입니다. 돈을 빌리지 않고는 살 수 없었던 처지가 그대로 드러나 있지요. 이제 이덕무를 살펴봅시다.

몇 해 전 겨울, 내 작은 초가가 너무 추워서 입김이 곧장 성에로 바뀌었으며 이불깃에서는 와삭와삭 소리가 났다. 게으른 나였으나 어쩔 수 없이 한밤중에 몸을 일으켜 『한

••「서중수에게」(與成伯), '연암집' 5권
•••「대호에게 답함」(答大瓠), '연암집' 5권

서』한 질을 이불 위에 덮어 추위를 조금 막았다. 『한서』
가 아니었다면 얼어 죽은 귀신이 될 뻔했다. 어젯밤에는
집 뒤쪽에서 지독한 바람이 불어 등불이 몹시 흔들렸다.
한참을 고민한 끝에 『논어』한 권을 뽑아 바람을 막은 후
위기에 대처하는 능력이 대단함을 자랑스럽게 여겼다.●

　책을 이용해 추위와 바람을 막았다는 내용이지요. 스
스로의 임기응변을 무척이나 자랑스러워하는 태도가
볼 만합니다. 그런데 이덕무의 책 사랑은 추위와 바람
을 막는 데에서 끝나지 않습니다. 이덕무에게 책은 그
야말로 마법의 묘약이나 다름없습니다.

　『맹자』가 그나마 내 집에 있는 물건 중 귀한 것인데 하도
배가 고파서 돈 이백 푼에 팔아 버렸지. 그 돈으로 밥을 지
어 먹었더니 배가 엄청 부르더군. 나는 신이 난 얼굴로 영
재(유득공의 호)에게 달려가 내 처신이 어떠냐고 한바탕 떠
들어 댔지. 굶주림에 시달리기로는 나 못지않았던 영재는
내 말을 듣는 즉시 『춘추좌씨전』을 팔았어. 우리는 그 돈
으로 함께 술을 마셨지. 참으로 대단한 사건 아닌가? 맹자
가 손수 밥을 지어 내게 먹여 주고, 좌구명이 직접 술을 따
라 내게 권한 것과 다를 바가 전혀 없으니 말이야.●●

　이덕무의 글을 보니 이덕무의 친구 유득공도 만만치

●「이목구심서」(耳目口心書), '청장관전서' 48권
●●「이서구에게」(與李洛瑞書九書), '청장관전서' 20권

않게 가난했음을 알 수 있지요. 가난은 마치 전염병이라도 되는 듯 이덕무 주위로 널리 퍼집니다. 이덕무의 처남 백동수도 그 가난에 진하게 물든 사람이었습니다. 백동수는 이 무시무시한 가난에 어떻게 대처했을까요?

영숙(백동수의 자)이 일찍이 나를 위해서 금천의 연암 골짜기에 집터를 살펴 준 적이 있었다. 그곳은 산이 깊고 길이 험해서 하루 종일 걸어가도 사람 하나 만나지 못할 정도였다. 갈대숲 속에 둘이 서로 말을 세우고 채찍을 들어 저 높은 언덕의 구획을 나누며 말했다. "저기다가는 울타리를 쳐 뽕나무를 심으면 되겠습니다. 갈대에 불을 질러 밭을 일구면 일 년에 좁쌀 천 석은 거둘 수 있겠습니다."
영숙이 시험 삼아 부시를 쳐서 바람 따라 불을 놓았다. 꿩이 놀라서 울며 날아가고, 노루 새끼가 코앞에서 달아났다. 영숙은 팔뚝을 걷고 쫓아가다가 시내에 가로막혀 돌아와서는 나를 쳐다보고 웃었다. "사람이 백 년도 못 사는 건 알고 있지요? 그런데 어찌 답답하게 나무와 돌 사이에 거처하면서 조 농사나 짓고 꿩, 토끼나 사냥하며 살겠단 말입니까?"
이제 영숙은 기린 골짜기에서 살겠다고 한다. 송아지를 등에 지고 들어가 밭을 갈 작정이고, 된장도 없어 아가위나 돌배로 장을 담그겠다고 한다. 험준하고 궁벽하기가 연암 골짜기보다 훨씬 더한 곳에서! 나 또한 갈림길에서

방황하면서 거취를 선뜻 정하지 못하고 있는 형편이니,
영숙의 떠남을 말릴 수는 없다. 하여 나는 오히려 그의 뜻
을 장하게 여길지언정 그의 가난함을 슬퍼하지는 않으련
다.●

백동수는 서울을 떠나 인제의 기린 골짜기로 들어
가 사는 길을 택했습니다. '무사'인 그에게는 책을 이용
하는 것보다는 송아지를 등에 지고 들어가 밭을 가는 편
이 훨씬 취향에 맞았던 모양입니다. 저는 박지원의 이
글을 읽을 때마다 백석의 시구가 저절로 떠오릅니다.
"산골로 가는 것은 세상한테 지는 것이 아니다/ 세상
같은 건 더러워 버리는 것이다"라는 그 유명한 시구 말
이지요. 그런데 가난에 시달리던 이들에게는 엄청난 내
공을 자랑하는 대선배가 있습니다. 아무래도 후세의 경
지는 이 대선배에게는 미치지 못합니다. 그 사람은 바
로 유관입니다.

유관은 우리나라의 이름난 재상이다. 청렴결백하고 검
소하여 거처하는 집이 바람과 비를 가리지 못했다. 장마
가 한 달 넘게 계속되던 때의 일이다. 천장에서 빗물이 새
는 것을 본 유관은 우산을 펼쳐 들곤 부인에게 이렇게 말
했다.
"우산 없는 집은 어떻게 견딜까?"

●「기린 골짜기로 떠나는 백동수를 전송하며」(贈白永叔入麒
麟峽序), '연암집' 1권

부인은 이렇게 대답했다.

"우산이 없다면 미리 다른 준비를 했겠지요."

이 말을 들은 유관은 빙긋 웃었다.●●

이익이 쓴 글로 유관의 청렴함을 대변하는 유명한 일화입니다. 하지만 역시 우리는 일국의 재상이면서도 비바람조차 막을 수 없는 집에 사는 처절한 가난의 모습에 더 신경이 쓰이지요. 그런데 여기까지 읽으면 궁금증 하나가 모락모락 피어오릅니다. 도대체 조선이라는 나라는 얼마나 가난했기에 가문도 좋고 제법 이름난 이들, 거기에 정승을 지낸 이들까지 모두들 심한 가난에 시달렸을까요? 그들에게 돈을 벌 방법은 과연 전혀 없었던 걸까요? 이익의 또 다른 글이 이 궁금증을 해소해 줍니다.

흔히 착한 이들은 복이 없다고들 한다. 가난에 시달리거나 자손이 적거나 끊어지는 경우를 두고 하는 말인데 착하지 않은 이들은 그 반대라고들 한다. 내 생각은 좀 다르다. 하늘이 군자를 특별히 후대하지는 않지만 일부러 재앙을 입힐 이유 또한 없다. 일의 전말을 살펴보면 빌미가 되는 것은 결국 가난이다. 착한 이들은 구차하게 벼슬을 구하거나 재물을 얻지 않으며, 남과 경쟁하는 것을 수치로 여기고 남에게 은혜를 베푸는 일에 힘을 쓴다. 그러니 어찌 부유할 수 있겠는가? 그들이 지키는 것은 도의이며, 일로 삼는 것은 글공부이다. 세상 사람들이 숭상하는 것과는 정반대이니 가난한 것은 당연하다.●

　마음이 올곧은 선비들의 관심은 도의와 글공부에 있으니 그들이 가난한 것은 당연하다는 뜻이지요. 이익은 가난하면 아내와 친구에게도 무시당할 뿐만 아니라 본인의 마음 또한 옹졸해지는 병폐가 있다고 말합니다. 그렇더라도 처음 먹었던 원대한 뜻(도의겠지요!)을 결코 버려서는 안 된다고 목소리를 높입니다. 그 뜻을 버리는 순간 선비는 세상에 흔한 악당으로 변하고 마니까요. 이익의 글을 통해 우리는 앞서 살펴보았던 박지원과 이덕무의 글에 어떤 자부심 비슷한 태도가 섞여 있던 이유를 알 수 있습니다. 그러니까 그들에게 가난은 선비의 삶을 사는 데에 필수 불가결한 요소였던 겁니다. 우리에게는 낯선 태도이지만 돈을 벌 수 있어도 벌지 않는 게 바로 선비 정신이었던 겁니다. 김홍도는 신분이 낮은 화원이니 사정이 좀 다르지 않느냐고 물을지도 모르겠습니다. 조희룡은 김홍도가 당대 화가들 중 단연 최고였다고 말하면서 "인품이 높아야 필법 또한 높다"고 설명합니다. 김홍도는 기예만 높은 화가가 아니라 인품 또한 훌륭한 진짜 선비였다는 뜻입니다. 그러니 가난에도 고결한 선비처럼 대처할 수밖에요. 이러한 태

●「착한 사람이 가난하게 사는 이유」(善人福薄), '성호사설' 17권

도는 허균의 편지에도 그대로 드러납니다.

가림에 가기를 원했으나 공주를 맡았으니 이것 역시 운
명이겠지요, 저는 결코 공을 탓하지 않습니다. 벼슬을 하
는 이유는 가난 때문이니 아내와 자식을 보호하고 굶주
림과 추위를 면하게 하는 것으로 족할 뿐입니다. 그렇다
고 제가 멋대로 노닐기만 하고 일을 게을리해서 공이 천
거해 주신 뜻을 저버리는 일은 결코 없을 것입니다. 대관
에서 제 임용 건에 대한 승인이 떨어지면 찾아가 사례하
겠습니다.
적막한 겨울밤, 눈 녹은 물을 부어 새로 만든 차를 끓이는
데 불은 활활 타오르고 물맛은 좋으니, 제호醍醐(우유죽)와
다름이 없습니다. 공께서 어떻게 이 맛을 알겠습니까?●●

허균은 자신이 벼슬을 하는 이유는 오직 가난 때문이
라고 말합니다. 가장이 되어 식구들을 굶주림과 추위로
고생하게 내버려 둘 수 없기 때문이라고 말합니다. 그
러고는 난데없이 눈 녹은 물로 끓인 차 이야기를 꺼내더
니 벼슬살이하는 공께서는 절대 알 수 없는 맛이라고 말
합니다. 어쩔 수 없이 벼슬을 하기는 하지만 자신은 풍
류를 아는 선비 본연의 모습을 버리지 않고 있다는 뜻을
넌지시 내비치는 셈이지요.

허균은 가난 때문에 어쩔 수 없이 벼슬을 한다고 말했

●● 「최천건에게」(與崔汾陰), '성소부부고' 20권

지만 사실 선비가 벼슬을 하는 게 잘못된 행동은 아닙니다. 능력이 있으면 나라를 위해 봉사하는 게 '사대부'의 의무이기도 하지요. 그럼에도 벼슬살이를 죄악처럼 여기는 글이 많은 까닭은 실제로 벼슬하는 이들의 주된 관심사가 오직 재산을 모으는 일이었기 때문입니다. 이익은 이렇게 말합니다.

문벌을 숭상하는 습속이 있기에 집안에 높은 벼슬을 한 자가 있으면 친척들까지 농기구를 버리고 일을 하지 않는다. 노비를 대대로 전하는 법이 있어서, 문관도 무관도 아니고 고조, 증조가 벼슬을 하지 못했는데도 노비를 부리며 편안하고 여유로운 생활을 한다. (……) 벼슬아치가 녹봉을 받기는 하나 농사로 얻은 수입에도 미치지 못한다. 아전들은 녹봉도 받지 않는다. 그들은 모두 뇌물을 받아 생계를 해결한다. 뇌물은 백성에게서 나오는 것이니, 백성의 힘은 고갈될 수밖에 없다.●

벼슬자리를 얻은 허균의 글에 어딘지 모르게 쑥스러워하는 느낌이 남아 있었던 이유를 알 수 있습니다. 벼슬아치가 되어도 녹봉만으로 살기는 어렵기 때문에 뇌물을 받는 것은 당연한 관습 내지 권리처럼 여겨졌습니다. 그러니까 이익 식으로 말하면 도의에 크게 어긋나는 일이었지만 모두들 알고도 모른 척했던 겁니다. 이

●「재산을 벌다」(生財), '성호사설' 8권

제 여러분은 이익이 많은 관리들 가운데 유독 유관을 언급한 이유를 깨달았겠지요. 이익이 보기에 유관은 도의에 어긋나지 않는 삶을 살았던 진짜 재상이었습니다. 허균의 또 다른 글입니다. 허균이 어렵게 얻어 준 벼슬자리를 꼿꼿하기로 유명한 권필이 거절하고 받아들이지 않는 이유를 한번 짐작해 보기 바랍니다.

이조판서를 만났습니다. 아이들 가르치는 교관 자리로 권필을 굴복시키려 하더군요. 권필이 과연 벼슬자리를 받아들일까요? 한번 물어봐 주세요. 때론 가난이 그렇게 만들기도 하는 법이니까요.••

벼슬을 하지 않을 수는 없지만 도의에 어긋나는 삶을 살아서도 안 되는 딜레마를 해결할 방법은 정신 무장을 단단히 하는 것입니다. 박지원과 이가환의 글입니다.

혹여 벼슬자리에 올라 녹봉을 받더라도 넉넉히 살 생각은 아예 접어라. 우리 집안은 대대로 청렴결백했다. 청빈이야말로 너희들이 지켜야 할 유일한 본분이다.•••

사람들은 개가 똥을 먹는 것을 보고 더럽다고 한다. 하지만 개가 똥을 먹는 게 의리에 무슨 해가 되겠는가? 나는

•• 「조위한에게」(與趙持世), '성소부부고' 21권
••• 『과정록』(박희병, 『나의 아버지 박지원』, 돌베개, 1998에서 재인용)

의롭지 않은 진수성찬을 먹은 적이 있다. 개가 똥을 먹는 일보다 훨씬 못한 행동이었다.●

관리로 지내는 동안 유독 부침이 심했던 정약용이 제시하는 방향은 조금 다릅니다. 그는 가난하고 부유하고를 떠나 먼저 인간이 되어야 한다고 역설합니다. 인생이란 유한하니 베푸는 삶을 살아야 한다고 강조합니다.

이 세상에 임시로 살지 않는 사람은 없다. 어리석은 사람들은 자기 사는 곳을 편안하게 여기고 자기의 삶을 즐거워한다. 하지만 그건 도화원桃花源에서 나고 자라고 산 이들이 자기들 선조가 진나라를 피해 왔다는 사실을 잊는 거나 마찬가지다. 오직 사리에 통달한 사람만이 세상은 편안히 여기기에 부족한 곳이요, 인생은 유한하다는 것을 안다.●●

며칠 동안 굶주린 일가친척에게 쌀을 주어 굶주림을 면하게 한 적이 있느냐? 눈 속에서 얼어 쓰러진 이에게 장작한 묶음이라도 나누어 준 적이 있느냐? 몸이 아파 약이 필요한 이에게 적은 돈이라도 주어 약을 처방받게 한 적이 있느냐? 늙고 가난한 이를 찾아가 절하고 무릎 꿇고 공경한 적이 있느냐? 걱정하는 이의 고민과 아픔을 함께 나누고 어떻게 처리해야 할지 머리를 맞대어 본 적이 있느냐? 너희는 그렇게 하지 못했다. 그러면서 어찌 너희의 급하

● 「짐승의 집」(禽獸居記), '금대시문초' 하권
●● 「빌붙어 사는 삶」(寄園記), '다산시문집' 14권

고 어려운 일을 해결해 주기 위해 일가친척이 달려올 걸 기대한단 말이냐? 나는 베풀지 않았으면서 남들이 먼저 베풀기를 바라는 것, 그건 너희가 오만하기 때문이다.●●●

박제가의 울분도 소개하고 넘어가는 편이 좋겠습니다. 앞서 박지원과 이덕무의 가난을 똑같은 종류로 소개하고 넘어갔지만 사실 두 사람의 가난에는 차이가 있습니다. 박지원은 명문가 자손이지만 이덕무는 서얼이었으니까요. 박지원은 벼슬을 안 하는 것이지만 이덕무는 벼슬을 못 하는 것이었습니다. 서얼에겐 벼슬자리에 오를 자격이 없었으니까요. 그러니까 박지원의 가난은 선택이었고 이덕무의 가난은 필연이었습니다. 이 점을 생각하며 박제가의 글을 읽어 보기 바랍니다.

오늘날의 사대부는 과거, 문벌, 붕당이 없으면 벼슬자리에도 오르지 못하고 장사도 하지 못하고 그저 사람 틈에 묻혀 쓸쓸히 살아갈 뿐입니다. 굶주려 죽을 위기에 몰려 있으면서도 사대부라는 이름을 포기하지 못해 농부조차 못 되는 사람 또한 있고요. 그들은 대체 무엇을 하려는 걸까요?●●●●

가난에 대처하는 가장 독창적인 방법은 이익에게서

●●● 「두 아들에게」(寄兩兒), '다산시문집' 21권
●●●● 「원중거를 전송하며」(送元玄川重擧序), '정유각집' 문1
권

찾아볼 수 있습니다. 이익은 먹는 양을 줄이는 것이 선비가 해야 할 도리라고 했습니다. 한 그릇 먹을 때마다 한 홉씩 아낀다면 만 가구가 사는 고을 하나만 계산해도 대략 곡식 2천 말을 절약할 수 있다고 했습니다. 권장 사항이 아닙니다. 이익은 선비라면 반드시 그렇게 해야 한다고 했습니다. 왜 그럴까요? 이익이 보기에 선비는 천지간의 한 마리 좀, 쓸모라고는 전혀 없는 인간이기 때문입니다. 세상에 기여한 바도 없으면서 늘 배부르게 밥을 먹고 있는 저 스스로가 부끄럽습니다.

재물 중에 곡식보다 중요한 건 없다. 입이 있는 사람은 누구나 하루 두 그릇의 밥을 먹는다. 그렇다고 해서 그들이 모두 자기 힘으로 곡식을 생산하는 것은 아니다. 그러니 재물은 늘 모자라거나 없어지게 된다. 손을 움직여 부지런히 일하지 않으면서 입으로 실컷 먹으려고만 한다? 그건 벌레나 짐승의 짓이다. 옛날의 군자들은 앉아서는 도를 말하고 일어나서는 도를 실천했다. 그 공로는 곡식을 직접 생산하는 것에 비길 만하다. 그러니 그들은 곡식을 많이 먹어도 괜찮다. 그러나 아무 생각도 없이 편안히 앉아 남이 생산한 것만 빼앗는 이들이 있다. 과연 그래도 되겠는가?●

6
{ 개인의 취향 }

앞 장에서 윤회매를 잠깐 언급했습니다. 사실 여인들도 아닌 선비들이 한방에 모여 일종의 수공예라 할 윤회매를 만들고 있는 장면은 조선 전기만 해도 상상도 할수 없는 지극히 괴상한 일이었지요. 그러나 조선 후기가 되면 세상은 좀 달라집니다. 요즈음 식으로 말하면 개취, 즉 개인의 취향이 본격적으로 모습을 드러내기 시작합니다. 남들이 뭐라 하건 자신이 관심을 가진 분야 하나만을 집요하게 파고드는 마니아 혹은 오타쿠에 가까운 인간들이 여기저기서 생겨났습니다. 그런 의미에서 보자면 윤회매를 처음 시작한 이덕무는 윤회매 마니아라 부를 수 있겠지요.

몇 사람 예를 들어 보겠습니다. 정철조는 벼루만 보면 정신을 못 차려서 호조차 석치石痴였습니다. 속된 말로 벼루에 미친 인간이었지요. 김석손은 매화에 미친 인간이었고, 방효량은 표구에 미친 인간이었고, 김억은 칼에 미친 인간이었고, 유만주와 이덕무는 책에 미친 인간이었고, 서상수는 골동품에 미친 인간이었습니다. 마니아적 관심이 책으로 이어진 사례도 많습니다. 유득공은 비둘기 책『발합경』鵓鴿經과 벼루 책『동연보』東硯譜와 호랑이 책『속백호통』續白虎通을 썼고(유득공은 그야말로 마니아 중의 마니아라 할 만합니다!), 이옥은 담배 책『연경』烟經을 썼고, 김려는 물고기 책『우해이어보』牛海異魚譜를 썼고, 정약전은 또 다른 물고기 책『자산어보』玆山魚譜를 썼고, 이서구는 앵무새를 다룬『녹앵무경』綠鸚鵡經을 썼고, 유박은 꽃 책『화암수록』花菴隨錄을 썼고, 김덕형은 꽃 그림책『백화보』百花譜를 썼지요.

이들 중 몇 명을 간단히 살펴보겠습니다. 먼저 정철조입니다. 이규상의 인명록『병세재언록』幷世才彦錄에 따르면 정철조는 작고 평범한 칼 하나로도 돌을 마치 밀랍 다루듯 쉽게 깎아 냈다고 합니다. 그렇게 만든 벼루를 책상에 높다랗게 쌓아 놓고 달라는 사람이 있으면 그냥 줘 버렸다는군요. 대단한 사람이지요? 그의 관심은 제작에 있었지 소유에 있지는 않았던 모양입니다. 정철조가 만든 벼루는 디자인부터 여타 벼루와 달랐습니다. 유득공의 글입니다.

우리나라의 고지식한 장인들은 평범한 바람 풍風 자 모양의 벼루만 만들었지.
그러나 석치는 국화와 귀뚜라미를 즐겨서 새겼다네.●

정철조의 사돈댁 어른 이용휴는 그가 선물한 벼루에 다음과 같은 글을 남겼습니다.

손은 글씨를 잊고, 눈은 그림을 잊었다. 이 돌에서 무엇을 얻을 것인가? 치痴와 벽癖이 으뜸이다.●●

벼루에 미친 사람 취급을 받았지만 사실 정철조는 머리와 손재주 모두 뛰어난 사람이었습니다. 문과에 급제해 정언까지 지냈던 정철조는 뛰어난 화가였고, 지도제작자였고, 천문학자였습니다. 기중기와 도르래 같은 서양에서 유래한 물건들도 손수 만들어 연구했다고 합니다. 『열하일기』에도 정철조 이야기가 여러 번 나옵니다.

언젠가 홍덕보(홍대용의 자)와 함께 정석치의 집을 간 적이 있다. 두 친구는 황도와 적도, 남극과 북극 이야기를 나누며 때로는 머리를 흔들고, 때로는 고개를 끄덕였다. 그

● 「유금이 소장한 단계석 벼루를 노래하다」(幾何室藏端硯歌), '영재집' 2권
●● 「정철조가 선물한 벼루에 새긴 명」(硯銘)(안대회, 『조선의 프로페셔널』, 휴머니스트, 2007에서 재인용)

이야기들이 모두 까마득하고 알기 어려웠기에 나는 잠이 들어 버렸고 그러느라 제대로 듣지 못했다.●

　제가 쓴 책의 주인공이기도 한 이옥은 담배 마니아였습니다. 그가 쓴『연경』은 가히 담배 백과사전이라 할 만합니다. 담배 경작법부터 시작해 담배의 유래와 산지별 품평, 담배 가격 비교, 담배 피우는 법, 담배 피우는 데 쓰는 도구, 흡연의 멋에 이르기까지 담배에 관한 모든 것을 담았습니다. 담배 책을 쓴 이유는 그가 '담배를 사랑하며 즐기는' 사람이었기 때문입니다. 담배를 아끼는 사람으로서 담배에 관한 책이 하나도 없다는 참람한 사실을 결코 받아들일 수 없었기 때문입니다. 저는 담배를 안 피우는 사람이지만 이옥이 들려주는 담배 이야기는 대단히 매혹적입니다. 금연하고픈 분들은 이 책을 절대 읽지 마십시오. 그가 생각한 담배 피우기 좋은 때는 다음과 같습니다.

　달빛 아래서 피우기 좋고, 눈이 내릴 때 피우기 좋고, 비가 내릴 때 피우기 좋고, 꽃 아래에서 피우기 좋고, 물 위에서 피우기 좋고, 망루 위에서 피우기 좋고, 길을 가는 도중에 피우기 좋고, 배 안에서 피우기 좋고, 베개를 베고 누웠을 때 피우기 좋고, 변소에서 피우기 좋고, 홀로 있을 때 피우기 좋고, 친구와 있을 때 피우기 좋고, 책을 볼 때

피우기 좋고, 바둑 둘 때 피우기 좋고, 글을 쓸 때 피우기 좋고, 차 마실 때 피우기 좋다. ●●

이옥의 친구 김려는 부령과 김해에서 10년 동안 유배 생활을 했습니다. 김해 시절 그는 주인집 아들과 함께 고깃배를 타고 나가 바다 구경을 하곤 했지요. 우리나라 최초의 어보인 『우해이어보』는 그렇게 탄생했습니다. 어류 53종 등 총 72종의 바다 생물이 수록되어 있는데 어떤 글들은 '지나치게' 매력적입니다.

원앙은 이름이 원앙어라 하고 해원앙이라 하기도 한다. 생김새는 연어와 비슷하다. 입이 작고 비늘은 비단 같고 아가미가 붉다. 꼬리는 길고 몸통은 짧아 마치 제비 같다. 이 물고기는 암컷과 수컷이 반드시 따라다니는데, 수컷이 가면 암컷이 수컷의 꼬리를 물고서는 죽어도 떨어지지 않는다. 그 때문에 낚시꾼들은 반드시 쌍으로 잡는다. 이곳 토박이들은 "이 물고기를 잡아 눈을 빼내 말렸다가, 사내는 암컷의 눈알을 차고 계집은 수컷의 눈알을 차면, 부부가 서로 사랑하게 할 수 있습니다"라고 말한다. 이 물고기가 항상 있는 것은 아니다. 내가 세 들어 사는 집 이웃에 이생이란 자가 살았는데 한번은 거제도 앞바다로 고기잡이를 나갔다가 잡아 가지고 돌아와서 내게 보여 준 적이 있었다. 물고기는 이미 절반이나 말랐는데

도 오히려 꼬리를 문 채 떨어지지 않았다.●

　여항문인閭巷文人, 즉 서울에 사는 중인 출신 문인 김석손은 매화를 너무 좋아한 나머지 매화 시 수집에 목숨을 걸었습니다. 조희룡이 쓴 일화를 읽으면 사람들이 왜 그를 매화시광梅花詩狂이라 불렀는지 이해할 수 있습니다.

　김석손은 매화에 미친 사람이었다. 집 마당엔 매화 수십 그루가 있어, 그 사이를 걸으며 휘파람을 불고 시를 읊었다. 유명한 시인들을 만나면 늘 매화 시를 써 달라고 부탁했다. 그의 부탁에 응한 시인만 수천 명이었다고 한다. 그럼에도 시를 잘 쓴다고 새로 이름을 얻은 이가 나타나면 김석손은 바빠졌다. 그 사람이 누구건 간에 무조건 달려가 문을 두드렸는데, 그 모습엔 항상 서두르는 기색이 있었다.●●

　유득공의 『발합경』은 당대 비둘기에 관한 지식이 총망라된 책입니다. 수록된 비둘기 종수만 해도 23종에 이릅니다. 비둘기의 성질을 관찰한 내용을 보면 비둘기에 관한 유득공의 식견이 전문가 수준이었음을 알 수 있습니다. 유득공의 아들 유본학이 훗날 「발합부」鵓鴿賦를 지은 사실로 볼 때 비둘기 기르기는 가업이나 마찬가지였던 모양입니다.

비둘기 똥에는 강한 독성이 있어 독사나 벌레가 접근하지 못한다. 때로는 지붕의 기와가 썩기도 한다. 산 가까이 있는 집에서 비둘기를 기르면 호랑이도 피할 수 있다고 한다. ●●●

꽃 그림책 『백화보』의 작가이며 박제가가 쓴 서문으로 더 유명해진 김덕형은 규장각 서리였습니다. 그러나 그의 하루 일과는 온통 꽃 구경으로 채워져 있었지요.

김군은 늘 꽃밭으로 서둘러 달려간다. 꽃만 바라보며 하루 종일 눈도 깜짝하지 않는다. 꽃 아래 자리를 깔고 누운 채 손님이 와도 말 한 마디 건네지 않는다. 사람들은 그를 미친놈 혹은 멍청이라 여기고 손가락질하며 비웃는다. ●●●●

저라도 김군 같은 사람을 보면 저절로 욕을 하고 손가락질을 했을 것 같습니다. 꽃밭이 오직 한 사람만을 위한 것도 아닌데 그 아래 벌렁 누워서 꼼짝도 안 하다니 욕을 안 할 도리가 없었겠지요. 그러나 박제가의 생각은 다릅니다. 박제가는 '꽃의 역사'가 있다면 그의 이름이 기록될 것이며, '향기의 나라'가 있다면 그에게 제사

●●● 『발합경』(정민, 『18세기 조선 지식인의 발견』, 휴머니스트, 2007에서 재인용)
●●●● 「백화보 서문」(百花譜序), '정유각집' 문1권

를 지낼 것이라고 말합니다. 하나에 빠지는 편벽된 사람이야말로 천하의 대사를 이루는 이라고 단언합니다. 박제가의 말은 마니아가 세상을 창조하고 구원한다는 것과 하나도 다르지 않습니다.

벽癖이 없는 사람은 버림받은 것이다. 벽이란 한자에는 병(疾疾)과 치우침(벽僻)의 뜻이 들어 있으니 결국 '한쪽으로 치우쳐서 생긴 병'이라는 뜻이 된다. 그러나 홀로 새로운 세계로 나아가는 것, 전문가에 못지않은 실력을 키우는 것은 벽을 가진 사람만이 할 수 있는 일이다.●

조선 후기에는 책을 광적으로 좋아하는 이들도 부쩍 늘어났습니다. 선비들에게 책은 원래부터 필수품이었지만 이 시기 책에 대한 집착은 우리가 생각하는 수준 이상이어서 좀 무섭기까지 합니다. 대표적인 인물로는 이덕무를 들 수 있습니다. 스스로를 '책만 읽는 바보'看書痴로 여긴 이덕무의 글입니다.

남산 아래 퍽 어리석은 사람이 살고 있었다. 그는 말도 느릿느릿 어눌하게 하고, 천성이 게으르며 성격마저 고루하니 꽉 막혔을 뿐만 아니라 바둑이나 장기는 말할 것도 없고 생계에 대한 일이라면 도통 알지 못하는 그런 사람이었다. 남들이 욕을 해도 변명하지 않았고, 칭찬을 해도 기뻐

●「백화보 서문」, '정유각집' 문1권

하거나 즐거워하지 않았다. 오직 책 읽는 일만을 즐겨, 책을 읽기만 하면 추위나 더위에도 아랑곳없이 배가 고픈지도 모른 채 책만 읽었다. 그래서 어려서부터 스물한 살이 된 지금까지 하루도 옛 책을 놓아 본 적이 없었다.●●

유만주 또한 책에 제대로 미친 인간이었습니다. 세상에 이름을 떨칠 만한 역사서 집필을 꿈꾸던 그의 주위에는 늘 책이 있었지요. 유만주가 남긴 일기에는 책과 관련된 사연들이 그야말로 가득합니다. 그의 집에는 책쾌(책 장수)들이 수시로 드나들었고, 책 한 권을 구하려다 온갖 모멸을 당하기도 했고, 책으로 가득한 도서관을 세우는 꿈을 꾸기도 했고, 과거 시험 전날까지 소설책을 손에서 놓지 못하는 자신을 한심하게 여기는 대목도 있습니다. 책 쓰기를 업으로 삼는 저로서는 다음과 같은 대목이 어쩔 수 없이 눈에 들어옵니다(여기 나오는 책쾌 조씨가 바로 그 유명한 조신선입니다).

책쾌 조씨에게 들으니 남유용의 『뇌연집』이 요사이 많이 팔렸는데 값은 이백 푼에 지나지 않는다고 한다. 비록 앞 세대의 훌륭한 인물들에는 못 미치더라도 일생의 힘을 다해 이루어 낸 문장이고 스스로 할 수 있는 일은 대략이나마 다 마친 것일 텐데 결국은 두 냥어치로 끝나고 만 셈이다. 문장은 해서 도대체 어디에 쓰겠는가!●●●

●● 「책만 읽는 바보」(看書痴傳), '청장관전서' 4권
●●● 『흠영』

하지만 같은 시대라도 명암은 있기 마련입니다. 책 한 권 구하느라 동분서주하던 이덕무, 유만주와는 달리 몇만 권씩 책을 보유한 장서가가 출현한 것도 바로 조선 후기입니다. 강명관 선생에 따르면 심상규는 4만 권, 조병귀와 윤치정은 각각 3−4만 권씩을 보유했으며, 이하곤은 만 권, 서유구는 8천 권을 소장했다고 합니다.● 조선 시대에 책은 꽤 비싼 물건이었습니다. 그 비싼 물건을 몇 만 권씩 갖고 있다는 것은 부유하다는 뜻이기도 하지요. 책이 부유함의 상징 또는 지적 허영의 대상으로 변질되다 보니 책을 둘러싼 갈등이 일어나기도 합니다. 박지원의 글입니다.

그대는 고서를 많이 쌓아 놓기만 하고 절대로 빌려 주지 않으니, 어찌 그리 빗나갔습니까? 자손 대대로 전하고 싶어서 그러는 겁니까? 천하의 물건이 대대로 전해지지 못하는 것이 이미 오래되었습니다. 요순도 전하지 못하고, 하, 은, 주 세 나라도 지키지 못한 천하를 진시황제가 대대로 지키려 했지요. 그래서 그를 어리석다고 하는 겁니다. 그런데도 그대는 몇 질의 서적을 대대로 지키고자 하니, 어찌 빗나간 짓이 아니겠습니까?●●

화가 단단히 난 박지원의 모습을 충분히 상상할 수 있

● 강명관, 『조선 시대 문화 예술의 생성 공간』, 소명출판, 1999
●● 「어떤 사람에게」(與人), '연암집' 5권

겠지요. 박지원이 욕하는 장서가는 책의 효용보다는 소유에 훨씬 더 관심이 많았던 모양입니다. 모르긴 몰라도 박지원의 욕이 그의 태도를 바꿔 놨을 것 같지는 않습니다. 많은 책을 수집하는 일 자체를 못마땅하게 여긴 박지원은 책으로 가득한 방을 자랑삼아 보이며 글을 부탁한 어린 벗 이서구에게도 다음과 같은 충고를 건넵니다.

> 물속에서 노니는 물고기는 물을 보지 못하네. 그 이유를 아는가? 보이는 것이 모두 물이라서 물이 없는 거나 마찬가지이기 때문이지. 그런데 지금 낙서(이서구의 자) 자네의 책은 온 방에 가득해 전후좌우에 책 아닌 것이 하나도 없네. 그러니 물고기가 물속에서 노니는 것과 똑같다고 할 수밖에. ●●●

저는 공평한 사람이니 이쯤에서 책을 빌려주는 쪽 입장도 간단히 짚고 넘어가겠습니다. 허균의 편지입니다. 이채롭게도 수신인은 유명한 학자 정구입니다. 정구는 갖고 싶은 책을 꼭 쥐고 놓지 않는 게 체면보다 훨씬 더 중요했나 봅니다.

옛사람은 "빌려간 책을 되돌려 주는 일은 언제나 더디다"는 말을 남겼지요. 더디다는 것은 일 년이나 이 년을 가리

키는 것입니다. 『사강』史綱을 빌려드린 지가 십 년이 넘었습니다. 되돌려 주시기 바랍니다.●

그런데 모든 장서가가 박지원이 상대한 이처럼 책을 꽂아 놓는 데에서만 즐거움을 느끼는 유형은 아니었습니다. "쓰지 않는 물건은 없는 것과 마찬가지다", "책을 소유하고 빌려주지 않으면 바보다"라고 말하는 등 책을 꽁꽁 숨겨 두는 장서가에게 노골적으로 불만을 드러냈던 유만주는 훌륭한 장서가로 최석정과 민성휘를 꼽았습니다. 그 이유는 이렇습니다.

책이 많았던 최석정은 자신의 책에 장서인을 찍지 않았다. 남에게 책을 빌려준 후 돌려달라고 말한 적이 없었다고 한다. (……) 민성휘는 자신의 모든 책을 시골 집과 서울 집, 해주의 산방에 나눠서 보관했다. 책을 읽기 원하는 사람이면 누구나 가져가 보게 했다. 해주 산방의 책은 지금은 하나도 남아 있지 않고 시골 집과 서울 집의 책도 반 이상 잃어버렸다고 한다.●●

마지막으로 방향은 조금 다르지만 놀이 분야에서 독창적인 '개취'를 선보인 사람을 특별히 소개하겠습니다. 바로 정약용입니다. 우리는 정약용을 근엄한 학자로 알지만 젊은 시절 정약용은 놀이의 대가였지요.

●「정구에게」(與鄭寒岡), '성소부부고' 20권
●●『흠영』

화단 동북쪽에 서까래처럼 굵은 대나무를 구해 울타리를 세웠으니 이것이 바로, 죽란(대나무 울타리)이다.

조정에서 일을 마치고 돌아오면 건을 젖혀 쓰고 울타리를 따라 걷는다. 달빛 아래에서 혼자서 술을 마시고 시를 짓는다. 한적한 뒤뜰, 고요한 숲의 정취가 있어 시끄러운 수레바퀴의 소리를 다 잊어버리게 된다. 윤이서(윤지범), 이주신(이유수), 한혜보(한치응), 채이숙(채홍원), 심화오(심규로), 윤무구(윤지눌), 이휘조(이중련) 등이 날마다 찾아와 취하도록 마시곤 한다. 이른바 '죽란시사'이다.●●●

모임이 이루어지자 다음과 같이 약속했다.

"살구꽃이 피면 한번 모이고, 복숭아꽃이 피면 한번 모이고, 한여름에 참외가 익으면 한번 모이고, 초가을 서늘해지면 서지의 연꽃 구경하러 한번 모이고, 국화가 피면 한번 모이고, 한겨울 큰 눈이 내리면 한번 모이고, 세밑에 화분의 매화가 피면 한번 모인다. 모일 때마다 술과 안주, 붓과 벼루를 준비해 술 마시며 시를 읊도록 한다. 나이 적은 사람부터 준비해서 나이 많은 사람 순으로 돌되, 다 돌면 반복한다. 아들 낳은 사람이 있으면 한턱을 내고, 수령 나가는 사람이 있으면 한턱을 내고, 승진하거나 아우나 아들이 과거에 합격한 사람이 있으면 한턱을 낸다."

이름과 규약을 기록하고 '죽란시사첩'이라는 제목을 붙

였다. 모임이 대부분 우리 집에서 열렸기 때문이다.●

정약용은 자기 집 뜰에 석류, 매화, 국화, 치자 등을 심어 놓고 대나무로 울타리를 만들어 세웠습니다. 달빛 아래에서 홀로 술을 마시고 시를 짓기도 했지만 친구들도 언제든 찾아오게끔 했습니다. 정약용에게 꽃이 피는 것은 참 좋은 핑계였지요. 친구들을 잔뜩 불러 즐거운 시간을 보낼 수 있었으니까요. 뭇꽃 가운데 정약용이 특히 사랑한 꽃은 국화였습니다. 정약용은 국화의 장점으로 늦게 피는 것, 오래 견디는 것, 향기로운 것, 고우면서도 화려하지 않고 깨끗하면서도 싸늘하지 않은 것 그리고 촛불에 비친 국화 그림자를 들었습니다.

하루는 윤이서(윤지범의 자)에게 들러 이야기를 나누다가 그를 청했다.
"오늘 저녁에 우리 집에서 주무시면서 함께 국화를 구경합시다."
"국화가 아무리 아름답다 한들 밤에 구경할 정도야 되겠는가?"
윤이서가 아픈 몸을 핑계로 사양하기에 나는 "그래도 구경 한번 해보세요" 하면서 굳이 그를 끌고 집으로 왔다.
저녁이 되었다. 일하는 아이를 시켜 촛불을 국화 한 송이에 바싹 갖다 대게 하고는 남고(윤지범의 호)에게 물었다.

"기이하지 않습니까?"

남고가 자세히 들여다본 후 말했다.

"글쎄. 난 전혀 기이한 줄을 모르겠네."

그래서 나 또한 "그렇지요" 하고 말했다.

잠시 후 일하는 아이에게 원래 하던 대로 준비를 시켰다. 옷걸이, 책상 등을 치우고 벽에서 약간 떨어진 곳에 국화를 놓았다. 그런 후 촛불을 적당한 위치에 놓아서 국화를 비치게 했다. 홀연 기이한 무늬와 신비한 모습이 벽에 가득했다. 가까이 있는 것은 꽃과 잎이 서로 어울리고 가지와 곁가지가 정연하여 마치 묵화를 펼쳐 놓은 것 같았다. 그 다음 것은 너울너울하고 어른어른하며 춤을 추듯 하늘거리는 모습이 꼭 달이 떠오를 때 뜨락의 나뭇가지가 서쪽 담장에 걸리는 것 같았다. 그중 멀리 있는 것은 제각기의 모습으로 흐릿한 게 마치 가늘고 엷은 구름, 혹은 노을 같았다. 가끔씩 아예 사라지거나 소용돌이치는 모습은 질펀하게 일렁이는 파도와 같았다. 번쩍번쩍 서로 엇비슷한 것이 도무지 적당한 표현을 찾기도 어려웠다. 윤이서가 손으로 무릎을 치며 감탄했다.

"기이하구나. 이거야말로 천하의 빼어난 경치로군." ●●

어떻습니까? 그야말로 독창적이지요? 물론 고전 산문을 읽다 보면 비슷한 놀이를 찾을 수 있기는 합니다. 하지만 비슷하다는 것이지 완전히 똑같지는 않습니다.

●● 「국화 그림자를 시로 읊은 이유」(菊影詩序), '다산시문집' 13권

또 다른 의외의 놀이꾼 이덕무의 글입니다.

가을날 검은 두건을 쓰고 흰 겹옷을 입은 채 옻칠한 대나무 붓을 휘두르며 물고기 그림을 평론하고 있었다. 그때 흰 문종이로 바른 창이 밝아지더니 흰 국화 그림자가 비쳤다. 먹을 옅게 갈아서 그림자를 베껴 그렸다. 그 와중에 큰 나비 한 쌍이 향기를 따라 꽃에 와 앉는다. 나비의 수염이 구리줄처럼 또렷해 셀 수 있을 정도였다. 그래서 나비도 함께 그렸다. 이번에는 참새 한 마리가 가지에 매달린다. 참으로 기이한 광경이었으나 놀라서 달아날까 봐 서둘러 베껴 그린 후 요란하게 붓을 던졌다. 내가 할 수 있는 일은 다한 것이다. 나비와 함께 참새도 얻었으니까.●

친구들과 때 맞춰 꽃구경을 하고 밤에는 국화 그림자를 즐기는 것도 좋지만 가장 마음에 드는 정약용 식 '개취'의 절정은 비 오는 날 물 구경하기입니다. 다음 글을 읽으면 정약용이라는 사람이 참으로 뜨거운 마음의 소유자였음을 알 수 있습니다. 정약용의 이 글은 제가 가장 좋아하는 고전 산문이기도 합니다.

세검정의 뛰어난 경치를 느끼려면 소나기가 쏟아질 때 폭포를 보아야 한다. 그러나 비가 퍼부을 때 사람들은 수레를 적시면서까지 밖으로 나가려 하지 않는다. 비가 갠 뒤에는 아무 소용이 없다. 산골짜기의 물도 이미 그 기세가 줄어들었으니. 이 때문에 세검정은 근교에 있으나, 성안의 사대부 중 정자의 뛰어난 경치를 만끽한 사람은 드물다.

신해년(1791) 여름, 나는 한혜보 등 여러 사람과 명례방에 모였다. 술이 몇 순배 돌자 찌는 듯 뜨거운 열기가 느껴지더니 갑자기 검은 구름이 사방에서 일어나고, 마른 천둥소리가 멀리서 들리기 시작했다. 나는 술병을 차고 벌떡 일어나면서 말했다.

"폭우가 쏟아질 징조라네. 어떤가, 세검정에 가 보지 않겠는가? 거부하는 이에겐 벌주 열 병을 선사할 테니 각오하게."

모두들 찬성하고 나섰다.

우리는 밖으로 나와 마부를 재촉했다. 창의문을 나서자 빗방울이 뚝뚝 떨어졌는데 크기가 벌써 주먹만 했다. 말을 달려 정자 아래 이르자 수문 좌우의 산골짜기에서는 이미 물줄기가 암수의 고래가 물을 뿜는 듯했고, 옷소매는 빗방울에 잔뜩 얼룩이 졌다. 정자에 올라 자리를 펴고 난간 앞에 앉았다. 나무들이 미친 듯이 흔들렸고 차가운 기운이 뼈에 스며들었다. 비바람이 크게 불더니 산에서 내려오는 물이 갑자기 들이닥쳐서 눈 깜짝할 사이에 계곡은 물바다가 되어 물 부딪치는 소리가 천지를 뒤흔들었다. 모래와 바위가 함께 흐르고 굴렀다. 물은 정자의 주춧돌까지 다가와 매섭게 할퀴고 지나갔다. 형세는 웅장하고 소리는 맹렬했다. 서까래와 난간이 흔들리니 몸이 다 떨려서 붕붕 뜬 느낌이 들었다. 내가 어떠냐고 묻자 모두들 이렇게 대답했다.

"이루 말할 수 없이 좋군."●

정약용의 뜨거운 놀이법과 대조되는 차갑고 한가한 놀이법의 대표 사례 하나만 더 소개하고 이번 장을 마치겠습니다. 같은 꽃을 보고도 이렇듯 다른 태도를 취하다니 역시 개성이라는 것은 무시할 수 없습니다. 박지원의 글입니다.

사흘 낮 계속 비 내리는 바람에 번성했던 필운동의 살구꽃이 다 떨어져 붉은 진흙으로 변했네. 이렇게 될 줄 알았던들, 왜 서로 날을 하루 잡아 놀지 않았는가 모르겠네. 긴긴날 무료히 앉아 홀로 쌍륙雙六을 즐기고 있네. 오른손은 갑이 되고 왼손은 을이 되어 소리 높여 놀이를 하면 나와 남의 구분이 생겨 승부에 마음을 쏟게 되고, 더 나아가 번갈아 가며 한쪽을 적으로 삼게 되니 이거야 원, 내 두 손에 대해서도 역시 편애하는 바가 있단 말인가? 두 손이 이미 이쪽과 저쪽으로 나뉘었으니 하나하나를 어엿한 존재라 부를 수도 있겠지. 내 손에 관한 한 나는 조물주나 마찬가지일 테고. 그런데도 사심을 이기지 못하고 어느 한쪽을 편들거나 냉대함이 이와 같다네. 이번 비에 살구꽃은 떨어졌지만 복사꽃은 아직 한창일세. 혹시 저 위대한 조물주께서 복사꽃을 편들고 살구꽃을 무시하는 것 또한 사심이 있어서 그런 걸까?●●

7
{ 경계인 혹은 방외인 }

조선 시대는 신분제 사회였습니다. 사농공상士農工商
이라 했지만 실제 신분은 그보다 훨씬 더 복잡했지요.
고전 산문도 실은 이 신분과 떼려야 뗄 수 없는 관계가
있습니다. 문인들의 90퍼센트 정도는 양반이라는 말이
지요. 그러므로 고전 산문은 양반 남성의 글이 대부분
이라는 사실을 일단 머릿속에 넣고 읽는 것이 좋습니다.
고전 산문에서 나타나는 세계관을 조선 사람 전부의 것
으로 오해해서는 안 된다는 의미입니다. 신분제를 본격
적으로 다루는 글은 아니니 여기서는 산문과 관련된 지
점만 이야기하겠습니다. 먼저 유득공의 글입니다.

죽은 이덕무의 문장은 한 시대의 으뜸이었다. 한때는 나
도 그릇된 명성을 얻은 적이 있다. 그랬기에 자기들이 쓴

글을 들고 와서 고쳐 주기 바라는 후배들이 꽤 있었다. 그즈음의 어떤 날 그 후배들 중 한 명의 글을 읽던 이덕무가 붓을 던지고 한숨을 쉬며 말했다.

"서울엔 어떤 물건이건 고치는 땜장이들이 있지. 소반, 냄비, 신발, 망건을 잘 고치면 제법 잘 먹고살 수 있지. 나나 자네나 나이도 들었고 글도 거칠어졌어. 그렇다고 가만히 앉아 굶어 죽을 수는 없지. 이러면 어떻겠나? 붓과 먹과 벼루를 챙겨서 필운동이며 삼청동 같은 동네를 돌아다니며 외치는 거야, '구멍 난 시 때워 드립니다' 하고 말이야. 어떤가? 술 한 사발, 고기 한 접시 얻기에는 충분하지 않을까?"

동료에게 이 이야기를 하곤 크게 웃었다. 그 동료는 나에게 '시 땜장이'라는 별명을 붙여 주었다. ●

이덕무와 유득공은 함께 웃었다고 하지만 읽는 우리 또한 아무 생각 없이 따라 웃을 수는 없지요. 유득공은 이 글을 "죽은 이덕무의 문장은 한 시대의 으뜸이었다"라는 조금은 과장된 문장으로 시작했습니다. 자신 또한 한때 그릇된 명성을 얻은 적이 있다고 겸손하게 그다음을 이어 갔습니다. 과장과 겸손을 제거하더라도 두 사람이 뛰어난 작가였다는 사실은 변하지 않습니다. 그런데 그 뛰어난 작가들이 주로 한 일은 다른 이들의 시나 문장을 고쳐 주는 것이었지요. 그러면서 둘은 시 땜

　　　●「시 땜장이」(補破詩匠), 『고운당필기』(古芸堂筆記)

장이라고 자신들을 비하합니다. 시를 고쳐 주며 생계를 해결하는 것에 대한 자조감도 있었겠지만 그들의 신분이 서얼이라는 이유로 문학적 성취를 온전히 인정받지 못했던 사실도 빼놓을 수는 없겠지요. 이덕무, 유득공, 박제가 등을 은근히 비하하는 분위기는 그들의 글을 '검서체'檢書體라고 불렀다는 사실에서도 확인할 수 있습니다. 검서는 규장각의 하위직으로 왕명 수납이나 책 교정 업무 등을 담당했습니다. 검서체라는 말 속에는 이들 검서가 모두 서얼 출신이라는 점을 은근히 비꼬는 시선이 숨어 있습니다. 정조 덕분에 특별 채용되는 기쁨을 안기는 했지만 세상의 시선은 조금도 바뀌지 않았던 것이지요. 이런 상황을 알면 이덕무가 왜 다음과 같은 자조 어린 글을 남겼는지 알 수 있습니다.

나는 한 마리 벌레, 한 조각 기와다. 기술도 없고, 재주도 없다.●●

양반이면서도 이덕무, 박제가 등과 깊은 교우를 나누는 등 서얼의 처지를 남들보다 깊이 이해했던 박지원의 글을 하나 더 살펴보겠습니다.

오래된 그릇을 삼 년 동안이나 팔지 못한 사람이 있었다. 그릇의 재질은 투박한 돌이었다. 술잔이라기에는 겉

●●「나는 벌레이고 기와다」(蟲也瓦也吾), '청장관전서' 10권　　　**131**

이 틀어지고 안으로 말려들었으며, 기름때가 광택을 가렸다. 온 나라를 다 돌아다녀도 눈여겨보는 이가 없었다. 부귀한 집안을 다 찾아다녔지만 그럴수록 값은 더욱 떨어져 수백 푼밖에는 못 받게 되었다. 하루는 누군가가 이 물건을 서군 여오(서상수의 자)에게 보였다. 여오가 말했다. "붓 씻는 그릇이군. 중국 복주의 오화석갱五花石坑에서 나는 것이지. 옥에 버금가니 옥돌과 다를 바가 없지." 그는 값도 묻지 않고 그 자리에서 팔천 푼을 내주었다. 여오가 때를 긁어내자 투박해 보였던 물건은 꽃무늬와 푸른빛을 드러냈다. 틀어지고 말려들었던 모양은 시들면서 잎이 말린 가을 연꽃이었다. 그 후 이 그릇은 나라의 보물이 되었다.

여오가 말했다. "천하의 물건치고 하나의 그릇 아닌 것이 어디 있겠는가. 쓰일 곳에 쓰이는 것, 그게 중요하지."●

오래된 그릇의 가치를 말하는 듯하지만 실은 실력을 갖추었으면서도 제대로 쓰이지 못하는 이들을 이야기하고 있지요. 뛰어난 감식안과 학식을 자랑하는 서상수 또한 서얼이었다는 사실을 알면 박지원이 이 글을 쓴 이유는 보다 확실해집니다.

이민철은 영의정을 지낸 이경여의 아들이었다. 어머니의 신분은 미천했다. 이민철은 어려서부터 생각이 기발

했다. 동래에 사는 사람이 이경여에게 자명종을 바친 적이 있었다. 이경여는 그 자명종을 책상 위에 두었다. 아홉 살 이민철은 자명종을 눈여겨보았다. 어느 날 이민철은 아버지가 외출한 틈을 타서 자명종에 손을 댔다. 자명종을 조용한 곳으로 가져가서 박혀 있는 못을 뽑았다. 자명종의 움직임을 살펴본 후에는 다시 조립을 했다. 대나무 못을 박고 기름종이를 사용하여 원래 모양과 조금도 차이 없게 해 놓았다.●●

이민철은 과학기술이 그다지 발달하지 못했던 조선 역사에서 유례를 찾아보기 힘들 정도로 특이한 인물입니다. 그는 서얼이었는데 어려서부터 기계에 관한 관심이 남달랐습니다. 일화를 통해 알 수 있듯 그는 거의 혼자 힘으로 기술자가 되었습니다. 혼천의와 자격루와 수차 등을 제작한 이민철은 공로를 인정받아 서얼 출신으로는 드물게 수령 자리에 오르기도 했지요. 그러나 김려가 이민철의 성공을 기록하기 위해 이 글을 쓴 것은 아닙니다. 글 후반부에 가서야 김려가 붓을 든 이유가 제대로 드러납니다.

이민철은 기이한 재주를 지닌 사람이다. 사람이 재주를 갖고 태어나는 건 세상에 쓰이기 위함이다. 이민철과 같은 사람이 어찌 자신의 재주를 다 썼다고 말할 수 있겠는가? 그러나 세상에는 재주를 가지고 있으면서도 쓰임을 받지 못하여 답답하게 살다 죽어간 이들이 많다. 그러니 이민철 정도면 세상에 쓰였다고 말할 수 있을 것이다.

조선 사회에서 가치를 가장 인정받지 못했던 그룹으로 저는 예술가를 들고 싶습니다. 신분이 낮은 예술가들은 지금으로 치면 최저 생계비도 제대로 받지 못하면서도 있는 경멸 없는 경멸을 다 받아야만 했습니다(귀족의 집에서 기숙하던 하이든은 하인들과 함께 밥을 먹었다니 예술가를 무시하는 풍조는 꼭 조선의 일만은 아닙니다). 그렇다고 그들이 만들어 내는 예술의 수준이 낮은 것은 결코 아니었습니다. 오히려 예술을 향유하는 이들의 수준이 예술가에 못 미치는 경우가 더 많았지요. 이러한 상황은 예술가에게는 불행입니다. 자신의 예술을 이해하지도 못하는 사람에게 억지웃음을 지으며 악기를 연주하거나 그림을 그리거나 글을 써 줘야 하니까요. 유득공의 글입니다.

해금을 처음 배우고 삼 년 만에 일가를 이루었지요. 그러느라 손바닥에 못이 잔뜩 박혔습니다. 나는 지치지도 않고 해금에만 몰두했고 그 덕분에 해가 갈수록 실력이 늘었습니다. 그런데 이상한 일이 일어났습니다. 수입은 전혀 늘지 않았고 내 음악을 이해하지 못하는 사람은 오히려 더 많아졌지요. 반면 실력도 별로 없는 무식쟁이들은 어떤가요? 그들은 망가진 해금으로 몇 달 연습한 뒤에 사람들 앞에 나섭니다. 사람들은 그들의 연주를 들으며 감탄합니다. 뒤를 따르는 이들만 수십 명입니다. 인기가 있다 보니 하루만 연주해도 손바닥 가득 돈을 벌지요. 왜 그런 거냐고요? 사람들이 이해하기 쉽기 때문이지요. 나의 해금 실력은 유명하지요. 하지만 이름뿐입니다. 내 연주를 듣고 제대로 이해하는 사람은 이 나라에 몇 명도 되지 않습니다.●

서얼 출신 유우춘은 해금의 대가였습니다. 다섯 손가락에 못이 박이도록 열심히 수련한 결과 해금을 제대로 다룰 수 있게 되었습니다. 그런데 이상한 일이 발생합니다. 실력이 늘어 갈수록 수입은 오히려 줄어들었고 음악을 제대로 이해하는 사람들의 숫자도 줄어들었지요. 유우춘이 전하는 양반들의 음악 감상법은 참으로 희한합니다. 유우춘이 해금을 연주하면 좌중이 조용해집니다. 음악을 감상하기 때문이 아니라 다들 졸고 있느라 그렇습니다. 그러다가 얼마 후엔 "이제 그만" 하는 명령이 떨어집니다. 양반들은 연주에 대해서는 이렇다 저렇다 말도 없이 자기들끼리 음악 얘기를 진지하게 나눕니다. 그러다가 문득 유우춘을 보며 이렇게 묻지요. "너는 해금의 시초를 아느냐?"

해금 연주를 제대로 듣지도 않은 사람이 해금의 대가에게 해금에 대해 묻다니 참으로 어처구니없는 일입니다. 그러나 유우춘으로서는 그저 고개를 숙이고 "모릅니다" 하고 대답할 수밖에 없습니다. 괜히 아는 체하고 나서서 그들의 심기를 불편하게 만들 필요는 없으니까요. 양반들은 그러면 그렇지 하는 표정을 짓고는 유우춘에게 해금의 기원에 대해 한바탕 설교를 늘어놓지요. 남공철이 쓴 다음 글을 읽어 보면 이것은 유우춘 개인에게만 일어난 불행한 사태는 아니라는 점이 확실해집니다.

민범대는 술을 좋아했으며 기질이 기이하면서도 빼어났다. 거문고 연주 솜씨가 뛰어났다. 그는 시를 지을 때 술이 없으면 흥취가 없고, 거문고가 없으면 운치가 없다는 말을 자주 하곤 했다. 사람들은 그를 주정뱅이 취급을 했으며 시에 미친놈이라 불렀다. 그는 그렇게 불리는 것에 조금도 신경 쓰지 않았다. 1782년 가을, 나는 구리 줄 거문고를 들고 민범대와 함께 남산에 갔다. 날이 저물자 민범대는 높은 언덕에 올라가 거문고를 연주했다. (……) 거문고 연주가 끝났다. 바람이 불어 나뭇잎이 떨어졌고, 새들이 구름 사이에서 놀라서 멀리 날아갔다. 기쁨과 울분이 모두 하나의 마음에서 나왔다. 정격과 변격, 높낮이를 구분해 보려고 애를 썼다. 나는 어느 것이 시 소리이고 어느 것이 거문고 소리인지도 구분할 수 없었다. 민범대가 거문고를 내려놓고 말했다.

"제 시나 거문고가 궁궐에서 들릴 일은 없겠지요. 시골구석이라면 또 몰라도요."●

모든 예술가들이 유우춘이나 민범대처럼 울분을 속으로만 삼켰던 것은 아닙니다. 그중에는 꼭 술에 취하거나 미친 사람처럼 행동한 이도 있었습니다. 역시 남공철의 글입니다.

아침나절 남대문 거리에서 돌아왔는데, 그대가 우리 집에 헛걸음했다는 말을 들었소. 무척이나 섭섭했는데 종들은 입을 모아 내게 하소연했지.

"술에 잔뜩 취한 최생이 다녀갔습니다. 책상 위의 책들을 마구 뽑아 아무렇게나 늘어놓고는 소리를 빽빽 질렀습니다. 술까지 토하고 난리를 치는 바람에 부축을 받고서야 겨우 나갔습니다."

하하, 혹시 길거리에 쓰러져 있는 것은 아닌지 모르겠소.●●

화가 최북은 기인 중의 기인이었습니다. 자기가 그린 그림에 조맹부의 낙관을 찍어 비싸게 팔아먹기도 했고, 산수화를 그려 달라는 요구에 산만 그려 놓고는 그림 밖

● 「민범대 시집 서문」(閔生詩集序), '금릉집' 11권
●● 「최북에게 답함」(答崔北), '금릉집' 10권

이 온통 물이라는 궤변을 늘어놓기도 했습니다. 금강산 구룡연에서는 천하의 명소에서는 명사가 죽어야 한다는 이상한 논리를 펼치며 자살을 시도했고 꼬챙이로 자기 눈을 찔러 애꾸가 되기도 했습니다. 그런 최북이니 남공철 같은 경화세족京華世族의 집에 쳐들어가 난리를 친 정도는 그리 이상하게 보이지도 않습니다. 그러나 우리는 최북의 행동을 단순한 기행으로 치부할 수는 없습니다. 최북이 눈을 찌른 건 세도가가 그림을 그려 달라고 위협에 가까운 부탁을 해 왔기 때문입니다. 이해하지도 못하는 자에게 그림을 줄 수는 없다는 고집, 그리고 그 고집에서 비롯되었을 비난과 위협이 최북으로 하여금 기이한 행동을 하도록 만들었겠지요. 물론 성품이 좋은 남공철은 최북의 마음을 제대로 이해하는 몇 안 되는 사람이었을 테고요. 남공철에게 최북을 소개해 준 이는 이단전이라는 천민 시인이었습니다. 이단전 또한 자신에 대한 비난을 등에 지고 사는 사람이었습니다. 이단전에게 그나마 다행이었던 건 자신을 이해하는 사람이 세상에 한둘은 있었다는 사실입니다. 그중 한 사람인 이용휴의 글입니다.

노인이 할 일이 없어 곁에 앉아 있는 손님에게 평소에 본 기이한 구경거리나 특이한 소문을 말해 달라고 해서 들었다. 그중 한 분이 이렇게 말했다.

"어느 겨울, 날씨가 봄처럼 따뜻했는데 홀연 바람이 일더니 눈이 내렸습니다. 밤이 되어 눈이 그치자 무지개가 우물물을 마셨습니다."

다른 손님은 이런 이야기를 들려주었다.

"지난번에 만난 행각승의 이야기입니다. 언젠가 깊은 산골짝에서 짐승과 맞닥뜨렸답니다. 범의 몸에 푸른 털을 했는데 가만 보니 뿔도 났고 날개도 돋쳤고 소리는 어린아이와 같았답니다."

이야기를 듣기는 들었으나 황당한 거짓말에 가까워 믿을 수가 없었다. 그다음 날 아침 한 소년이 나를 찾아와 시를 봐 달라고 했다. 성명을 물었더니 이단전이라고 했다. 그의 이름이 벌써 남들과 달라 놀랐는데, 시를 펼치자마자 괴상하고 번쩍번쩍한 빛이 솟구쳤다. 뭐라 형용하기 어려울 만큼 비범한 시상이었다. 그제야 비로소 어제 들었던 이야기가 거짓이 아님을 믿게 되었다.●

박지원은 방외인, 즉 세상에서 소외된 사람에 대한 관심이 남달랐던 모양입니다. 방외인에 관한 글을 여러 편 남겼으니까요. 개성 사람 양현교에 대한 글입니다.

양군은 본성이 게을러 들어앉아 있기를 좋아한다. 권태가 찾아오면 발을 내리고, 검은 궤 하나, 거문고 하나, 검하나, 향로 하나, 술병 하나, 차 끓이는 그릇 하나, 고서화 두루마리 하나, 바둑판 하나 사이에 벌렁 드러눕는다. 자다 일어나서 발을 걷고 해가 어디쯤 걸렸나 내다본다. 섬돌 위에 나무 그늘이 잠깐 사이에 옮겨 가고, 울타리 밑에서는 한낮의 닭이 처음 울고 있다. 양군은 궤에 기대어 검을 살피거나, 거문고 두어 곡을 타거나, 술 한 잔을 홀짝거려 스스로 가슴을 트이게 하거나, 향을 피우거나, 차를 달이거나, 그림을 보거나, 기보를 참조하며 홀로 몇 판을 두거나 한다. 그러면 하품이 밀물처럼 쏟아지고 눈꺼풀은 처진 구름처럼 무거워져 다시 드러눕는다.

손님이 문에 들어선다. 발은 조용히 드리워져 있고, 떨어진 꽃이 뜰에 가득하고, 처마 끝 풍경은 저절로 울린다. 손님이 인수, 인수 하고 주인의 자를 서너 번 부르면 양군은 일어나 앉는다. 나무 그늘과 처마 그림자를 바라보면 해는 아직도 다 떨어지지 않았다.●

참 팔자 좋은 인간도 다 있다 싶지요? 하루 종일 하는 일이라고는 향을 피우거나 차를 달이거나 그림을 보거나 바둑을 두는 것이 다입니다. 그마저도 잠깐씩 하다가 이내 쓰러져 잠이 들지요. 한심하게까지 보이는 양현교의 삶을 박지원이 외면하지 않고 기록한 것은 양현교가 바로 개성 사람이기 때문이었습니다. 개성은 전 왕조인 고려의 도읍이었지요. 반역의 기운이 서린 땅에 산다는 이유로 개성 사람들은 알게 모르게 차별을 많이 받았습니다. 개성상인이 유명한 건 장사 말고 달리 할 일이 없었기 때문이기도 합니다. 그런 의미에서 박지원의 글은 문제적입니다. 양현교의 무료함은 실은 개성이라는 도시의 비극적 특성, 사람의 가치를 제대로 알아주지 않는 시대의 답답함에서 비롯된 것이니까요.

광문은 거지였다. 한때 종로 저잣거리에서 구걸을 하고 다녔다. 거지 아이들이 광문을 추대해 우두머리로 삼고 소굴을 지키게 했다.

(……) 광문은 길을 가다가 싸우는 사람을 만나면 그 역시 옷을 벗고 싸움판에 뛰어들었다. 입으로는 뭐라고 시부렁대면서 땅에 금을 그어 마치 옳고 그름을 판정하는 시늉을 했다. 지켜보던 시장 사람들이 다 웃었고 심지어는 싸우던 이도 웃었다. 그러더니 다들 흩어져 돌아갔다.

광문은 나이 마흔이 넘어서도 머리를 땋고 다녔다. 남들이 장가가라고 권하면 이렇게 말했다. "사람들은 남녀 불문하고 잘생긴 얼굴을 좋아하는 법이라오. 나는 못생겼소. 그러니 용모를 꾸밀 수도 없다오."

남들이 집을 얻으라고 권하면 이렇게 말했다. "부모도 형제도 처자식도 없는데 집을 가져 뭘 하겠소? 아침이면 나는 소리 높여 노래를 부르며 시장에 갔다가 해가 지면 부유한 집 문간에서 잠을 잔다오. 서울 안에 있는 집만 해도 팔만 채가 된다지요? 날마다 자리를 바꾸어도 내 평생 그

집들을 다 이용할 수 없다오."●

박지원의 비딱하고 색다른 시선은 조선 최고(?)의 거지 광문에게도 향합니다. 「광문자전」에 양반에 대한 은근한 풍자가 들어 있다는 사실은 쉽게 알 수 있습니다. 게다가 박지원은 자신과 신분이 다른 이들을 따뜻한 눈으로 바라보지요. 박지원 자신이 파락호破落戶 취급을 받았다는 사실에서도 그 이유의 일단을 찾을 수 있습니다. 『표준국어대사전』에 따르면 파락호는 '재산이나 세력이 있는 집안의 자손으로서 집안의 재산을 몽땅 털어먹는 난봉꾼을 이르는 말'입니다. 그러니까 집안을 말아먹고 집안 망신을 혼자서 다 시키는 사람이지요. 지금 우리는 박지원을 조선 최고의 문장가로 알고 있지만 당대인들 눈에 박지원은 문제아이자 방외인이었던 셈입니다. 아닌 게 아니라 다음 글을 보면 그는 영락없는 파락호입니다.

6월 어느 날, 낙서(이서구의 자)가 나를 만나고 돌아가 글을 지었다. 그 글 중에 다음과 같은 구절이 있었다. "연암 어른을 방문했다. 사흘을 굶은 연암은 망건도 쓰지 않은 채 창문에 맨발을 올려놓고는 행상 사람과 이야기를 주고받았다."
연암은 금천 집이 있는 산골짜기의 이름인데 사람들은

나를 그 골짜기 이름으로 불렀다.

한편 식구들은 처가인 광릉에 가 있었다. 나는 본래 몸이 비대하여 더위를 몹시 타는 데다가, 풀과 나무가 무성하여 푹푹 찌고 여름이면 모기와 파리가 들끓고 무논에서는 개구리 울음이 밤낮으로 그치지 않을 것을 걱정했다. 그래서 여름이 되면 서울 집에서 더위를 피하곤 했다. 서울 집은 지대가 낮고 비좁았지만 모기, 개구리, 초목의 괴로움은 없었다. 여종 하나가 함께 있었다. 그런데 눈병이 나는 바람에 미친 듯이 소리를 지르더니 주인을 버리고 나가 버려서, 밥을 해 줄 사람이 없었다. 행랑 사람에게 밥을 부쳐 먹다 보니 자연히 친숙해졌으며, 저들 역시 내 하인인 양 내가 시키는 일을 잘도 해 댔다.●●

다른 사람도 아닌 이름난 명문가의 후손인 박지원이(박지원을 중국으로 이끌었던 그의 팔촌형 박명원이 영조의 사위였다는 사실에서도 가문의 위세를 짐작할 수 있지요) 파락호처럼 지낸 데에는 이유가 있습니다. 박지원이 직접 쓴 이 글은 친구 이희천의 죽음과 관련이 있습니다. 이희천은『명기집략』明紀輯略이라는 중국 책을 소지하고 있었다는 이유로 목이 잘렸습니다. 당시 임금이었던 영조는『명기집략』에 조선 왕실을 모욕하는 내용이 들어 있다며 이 책을 소지한 이들에게 엄벌을 가했습니다. 하지만 공평한 처벌은 아니었습니다. 이희

●●「이서구의 방문기에 화답한 글」(酬素玩亭夏夜訪友記), '연암집' 3권

천이 갖고 있던 책은 박명원에게서 빌린 책이었으니까요. 물론 박명원은 아무런 처벌도 받지 않았습니다. 그러니까『명기집략』은 단지 명목이었을 뿐 영조는 자신에게 호의적이지 않은 노론 강경파에게 경고하는 의미로 한바탕 일을 벌였던 것입니다.• 사람 목숨을 파리처럼 여기는(이 반대의 경우를 우리는 상진에게서 살펴보았지요!) 당대 정치 상황에 박지원은 좌절하고 분노했습니다. 저항의 수단으로 박지원이 택한 것이 바로 파락호의 삶이었지요.

내가 이 세상에서 불우하게 지낸 지가 꽤 오래야. 그래서 문장을 빌어 그 불평을 드러내고 제멋대로 논 것이지. 무슨 말인가 하면 좋아서 쓴 글이 아니라는 뜻일세.••

남공철의 글에 나오는 이 말은『열하일기』와 관련이 있습니다. 지금 우리에게야 평범하고 지루한 필독서일 뿐이지만 박지원이 살아 있을 당시『열하일기』는 수많은 논쟁을 불러일으킨 문제작이었습니다. 반대하는 이들에게『열하일기』는 품위라고는 찾아볼 수 없는 저속한 책에 지나지 않았습니다. 다음 글에서는 박남수의 말과 행동에 주목하기 바랍니다. 앞 글은 이 사건이 일어난 다음 날 박지원과 박남수가 화해하는 과정에서 박지원이 한 말입니다.

• 박희병,『연암을 읽는다』, 돌베개, 2006
•• 「박남수를 기리며」(朴山如墓誌銘), '금릉집' 17권

나는 예전에 박지원과 함께 박남수의 벽오동관에 간 적이 있었다. 이덕무와 박제가도 함께했다. 그날은 달빛이 참 밝았다. 박지원이 『열하일기』를 직접 읽기 시작하자 박남수가 시비를 걸었다.

"선생의 문장이 비록 훌륭하지만 패관기서를 좋아하시는 게 문제입니다. 고문이 왕성해지는 걸 막을까 두렵습니다."

술에 취한 박지원은 "네놈이 뭘 안다고 그러느냐?" 라고 말하고는 읽기를 계속했다. 역시 술에 취한 박남수는 촛불을 들더니 『열하일기』초고를 불태우려 했다. 내가 급히 만류하자 그만두었다. 박지원은 화가 난 나머지 몸을 돌리고 누워 일어나지 않았다.●●●

하지만 일가친척이자 고문 애호가인 박남수의 반응은 이후 일어난 여러 일들에 비하면 애교 수준이었습니다. '글을 잘한다는 소문은 있었으나 박지원에게 인정받지는 못한' 어떤 친구는 노호지고虜號之稿, 즉 오랑캐의 연호를 사용한 원고라는 비방을 퍼뜨려 박지원을 궁지에 빠뜨립니다. 그런데 이 사람은 바로 유한준이었습니다. 책 첫머리에서 브로맨스의 증거로 내밀었던 글을 기억할지 모르겠습니다. 박지원이 몹시 보고파한 나머지 나무를 보고 사람인 줄로 착각했던 그 글의 주인공이 바로 유한준이었지요. 이후 유한준과 박지원은 묘지를 둘러싼 소송까지 벌이는 등 둘의 관계는 최악으로 치달았습니다. 아무튼 '노호지고'의 파장은 강력했습니다. 정조 또한 당대의 문체를 문란하게 한 주범으로『열하일기』를 들었을 정도였으니까요. 처남인 이재성에게 보낸 편지를 보면 유한준의 이름을 딱히 언급하고 있지는 않지만 박지원은 노호지고 사태로 마음이 크게 상했음을 알 수 있습니다.

저들이 떠들어 대는 '오랑캐의 칭호를 쓴 원고'가 도대체 무엇을 가리킨 것인지 도무지 알 수 없소. 연호를 말한 것이오, 지명을 말한 것이오? 이 책은 잡다한 여행 기록에 불과하오. 세상의 도의와는 아무 관계도 없는 책이라는 뜻이지. 대의명분, 의리 같은 건 논하지도 않았다는 뜻이지. 그런데 지금 갑자기 어떤 사람이 나타나 현명한 이들에게 완전무결함을 요구하듯 행동하고 있으니 이는 지나친 일이랄 수밖에.●

하지만 친구의 죽음과『열하일기』를 둘러싼 논란만이 박지원을 파락호로 만들었다고 말할 수는 없습니다. 사실 박지원은 스스로 파락호의 길을 택한 사람이었으니까요. 두 사건이 없었더라도 박지원의 행적은 크게 달라지지 않았으리라는 뜻입니다. 이 같은 견해는 저의

●「이재성에게 답함」(答李仲存書), '연암집' 2권

머리에서 나온 것이 아닙니다. 아이러니하게도 박지원의 본질을 꿰뚫어 본 사람은 유한준의 아들인 유만주였습니다.

> 중미(박지원의 자) 공은 오직 유희를 평생의 공부로 삼았다. 맑은지 혼탁한지, 고상한지 비속한지, 순수한지 잡된지를 논하지 않고 유희와 관련된 것에는 항상 직접 관여했다. (……) 그래서 비로소 파락호가 된 것이다. 세상 사람들은 파락호 세 글자를 혐오했지만 이분은 파락호 되기를 달갑게 여겨 사양하지 않았다.●●

박지원과 유한준의 가깝다가 멀어진 관계, 박지원의 글을 일방적으로 사랑했으며 박지원의 행동에 담긴 의미를 꿰뚫어 보았던 유만주를 보면 사람과 사람의 관계는 참으로 신기하다는 생각마저 듭니다. 박지원이 어린 유만주를 언급한 대목을 첨부합니다. 유한준에게 보낸 편지 가운데 다음과 같은 내용이 있습니다.

어제 아드님이 찾아와서 글 짓는 법을 묻기에 이렇게 답했습니다.
"예禮가 아니면 보지 말고, 듣지 말고, 움직이지 말고, 말하지 말라."
떠나가는 아드님의 얼굴이 별로 좋아 보이지 않습디다.

●●『흠영』

아침저녁 문안을 여쭐 적에 그 말을 하지 않았습니까?•

글 짓는 법을 묻는데 예에 관한 이야기로 입을 막아
버리다니 박지원의 성미도 참 고약하지 않습니까? 박
지원에게 수모를 당하기는 했어도 유만주는 마음이 깊
고 넓은 구석이 있는 사람이었습니다. 세상의 모든 경
계인, 방외인 혹은 이름 없는 이들을 위해 글을 쓰겠다
는 그의 마음이 참으로 아름답습니다. 이런 글을 읽으
면 책을 내려놓고 하늘 한번 쳐다보지 않을 수 없습니
다. 그러니 이 형편없는 책의 마무리로 삼기에도 충분
하지요!

저 바위 동굴 사이와 잡초 우거진 곳을 거처 삼아 사는 어
부, 나무꾼, 날품팔이, 머슴 중에도 하늘의 품성을 타고
난 이들이 있다. 재능 있는 그들은 도를 간직하고 있으며
기회만 주어진다면 천하를 바로잡아 다스릴 수도 있다.
그 정도 수준엔 못 미쳐도 자신만의 재주로 세상에 도움
이 되는 일을 할 수 있는 이들도 꽤 많다. 그럼에도 그들
은 때를 못 만난 까닭에 헛되이 태어나 헛되이 살고 늙다
가 풀, 나무, 티끌처럼 썩어 가고 사라진다. 과연 누가 그
들을 알아줄까? 예나 지금이나 참으로 슬픈 일이다. ••

우리 고전 읽기의
시작점으로 삼기 좋은 책들

혹시라도 우리 고전, 그중에서도 산문에 흥미를 느끼게 된 분들을 위해 시작점으로 삼기 좋은 책들을 소개하고자 합니다.

가장 먼저 권해 드리고 싶은 선집은 〈태학산문선〉입니다. 정민, 안대회 선생이 기획위원이며 한국 고전 산문, 동양 고전 산문, 한국 현대 산문, 동양 현대 산문을 다룹니다. 한국 고전 산문이 20권으로 가장 많고, 이규보만 고려 시대이고 나머지는 조선 시대 산문입니다. 2000년 6월에 첫 책이 나왔는데 2015년 이후로는 더 나오지 않아 좀 아쉬운 마음이 듭니다. 어느 한 권 나쁜 책이 없는 데다가 가격도 적당해서 큰 부담 없이 구입할 수 있었으니까요. 혹시라도 어떤 책부터 읽으면 좋을지 묻는 분이 있다면 박제가 산문을 모은 『궁핍한 날의

벗』을 제일 먼저 권하겠습니다. 이 시리즈의 첫 번째 책
이기도 하고 내용도 정말 좋습니다. 이용휴와 이가환의
『나를 돌려다오』, 이학규의『아침은 언제 오는가』, 남
공철의『작은 것의 아름다움』도 매력이 넘치는 책들입
니다. 더 소개하고 싶지만 그랬다간 모든 책을 권할 것
같으니 그만하겠습니다.

　돌베개에서 나오는 〈우리고전100선〉도 권해 드립니
다. 대표기획자는 박희병 선생이며 고전 산문뿐 아니라
시집, 역사서, 한글가사 등도 다룹니다. 2006년 11월
에 첫 책이 나왔으며 지금까지 22권이 출간되었습니다.
2016년 1월에 나온 게 마지막이지만 고전100선이라는
이름까지 붙였으니 흐지부지 끝나지는 않으리라 생각
합니다. 강력 추천하고 싶은 책은 시집 두 권입니다. 고
전 산문은 아니지만 유금의『말똥구슬』, 이언진의『골
목길 나의 집』은 두고두고 읽을 만한 좋은 시집입니다.
본문에도 자주 인용했지만 유만주의『일기를 쓰다』는
제가 가장 좋아하는 책입니다. 읽고 또 읽은 탓인지, 제
본이 원래 좋지 않은 탓인지 아예 너덜너덜해졌습니다.
페르난두 페소아의『불안의 책』, 박태원의『소설가 구
보 씨의 일일』과 함께 읽으면 더 좋을 듯합니다. 유만주
에게 반한 분들에게는 이익의『나는 모든 것을 알고 싶
다』도 권해 드립니다.

　무슨 까닭인지 이 두 시리즈에는 박지원이 포함되어

있지 않습니다. 박지원의 산문을 원하는 분들에게는 박희병 선생이 엮은 『연암을 읽는다』, 『연암산문정독』을 권합니다. 이 책들로 박지원에 대한 궁금증은 어느 정도 해소되리라 믿습니다. 더 읽고 싶어지면 김명호 선생이 편역한 『지금 조선의 시를 쓰라』, 그래도 허기가 해소되지 않는다면 '연암집'으로 나아가면 됩니다.

한국고전번역원에서 나오는 〈한국고전선집〉도 읽을 만합니다. '퇴계집', '율곡집'을 비롯한 12권이 나와 있습니다. 안정복의 '순암집'부터 추천합니다. 성호우파의 대표 학자로 알려져 있어 왠지 좀 답답할 것 같지만 의외로 생각이 깊고 근면한 분임을 알게 됩니다. 그러나 이 12권은 한국고전번역원 사이트에서 접할 수 있는 수많은 고전들에 비하면 새 발의 피입니다. 보기는 좀 불편해도 책으로 나오지 않은 고전 산문들을 접할 수 있는 가장 확실한 통로입니다.

권해 드리고 싶은 책과 사이트가 더 있기는 하지만 이 정도로 하겠습니다. 제가 추천한 책들을 읽고 사이트에 들어가 본다면 그 다음 읽을 책과 찾아갈 사이트는 저절로 알게 될 테니까요. 아마추어가 공부하는 방법은 걷다 보면 나타나는 길을 의심하지 않고 따라가는 것, 그 하나뿐입니다!

우리 고전 읽는 법
: 지금, 여기, 나의 눈으로 새롭게

2019년 1월 24일 초판 1쇄 발행

지은이
설흔

펴낸이	**펴낸곳**	**등록**
조성웅	도서출판 유유	제406-2010-000032호(2010년 4월 2일)

주소
경기도 파주시 책향기로 337, 301-704 (우편번호 10884)

전화	**팩스**	**홈페이지**	**전자우편**
070-8701-4800	0303-3444-4645	uupress.co.kr	uupress@gmail.com

페이스북	**트위터**	**인스타그램**
www.facebook .com/uupress	www.twitter .com/uu_press	www.instagram .com/uupress

편집	**디자인**	**영업**
조은	이기준	허신애

제작	**인쇄**	**제책**	**물류**
제이오	(주)민언프린텍	책공감	책과일터

ISBN 979-11-89683-02-3 04080
      979-11-85152-36-3 (세트)

이 도서의 국립중앙도서관 출판예정도서목록(CIP)은 서지정보유통지원시스템
홈페이지(seoji.nl.go.kr)와 국가자료공동목록시스템(www.nl.go.kr/kolisnet)에서
이용하실 수 있습니다.(CIP제어번호: CIP2019000511)

유유 출간 도서

박물관 보는 법
보이지 않는 것을 보는 감상자의 안목

황윤 글, 손광산 그림

박물관을 제대로 알고 감상하기 위한 책. 소장 역사학자이자 박물관 마니아인 저자가 오래도록 직접 발품을 팔아 수집한 자료와 직접 현장을 누비면서 본인이 듣고 보고 느낀 내용을 흥미로운 스토리텔링 방식으로 집필했다. 우리 근대 박물관사의 흐름을 한눈에 꿰게 할 뿐 아니라 그 흐름을 만들어 간 사람들의 흥미로운 사연과 앞으로 문화 전시 공간으로서 박물관이 나아갈 바람직한 방향까지 가늠하게 해 준다. 일제 치하에서 왜곡된 방식으로 근대를 맞게 된 우리 박물관의 역사도 이제 100여 년이 되었다. 박물관을 설립하는 데 관여한 사람들과 영향을 준 사건들을 살피다 보면 유물의 소장과 보관의 관점에서 파란만장한 우리 근대 100년사를 일별할 수 있다. 또한 공간의 관점에서도 단순히 유물과 예술품을 전시하는 건물로만 여겨졌던 박물관이 색다르게 다가온다. 보이지 않던 박물관의 면모가 보이고 이를 통해 박물관을 관람하는 새로운 시야를 열어 줄 것이다.

땅콩문고

책 먹는 법
든든한 내면을 만드는 독서 레시피

김이경 지음

저자, 번역자, 편집자, 논술 교사, 독서 모임 강사 등 텍스트와 관련한 여러 가지 일을 오래도록 섭렵하면서 단련된 독서가 저자 김이경이 텍스트 읽는 법을 총망라하였다. 읽기 시작하는 법, 질문하면서 읽는 법, 있는 그대로 읽는 법, 다독법, 정독법, 여럿이 함께 읽는 법, 어려운 책 읽는 법, 쓰면서 읽는 법, 소리 내어 읽는 법, 아이와 함께 읽는 법, 문학 읽는 법, 고전 읽는 법 등 여러 가지 상황과 처지에 맞게 책을 접하는 방법을 자신의 인생 갈피갈피에서 겪은 체험과 함께 소개한다.

동화 쓰는 법
이야기의 스텝을 제대로 밟기 위하여
이현 지음

어린이문학 작가 이현이 그동안 읽어 온 이야기를 분석하고, 직접 길고 짧은 어린이책을 쓰면서 다양한 인물과 이야기를 만든 과정, 작가 지망생에게 동화 쓰기를 가르치며 정리한 방법을 알차게 담았다. 춤을 배우기 전에 기본 박자에 맞추어 스텝을 배우듯 저자는 독자들이 이야기, 독자, 주인공, 사건, 플롯, 전략 등 동화 쓰기라는 창작의 스텝을 제대로 밟도록 이끌어 준다. 저자가 권하는 동화와 청소년소설, 어린이문학과 창작 이론서 목록도 함께 소개한다.

번역가 되는 법
두 언어와 동고동락하는 지식노동자로 살기 위하여
김택규 지음

전문 출판 번역가로서 20여 년간 살아온 저자가 번역가 지망생에게 들려주는 자신의 경험과 조언을 담은 안내서. 냉혹하다 싶을 정도로 출판 번역과 출판계의 환경을 점검하고, 그 안에서 번역가가 되기를 바라는 이가 할 수 있는 일과 해야 하는 일을 현실적으로 짚어 준다. 직업인으로서 번역가에게 필요한 실제 내용과 더불어 출판계에 갓 들어왔을 때 반드시 살펴야 할 실무까지 알차게 챙겼다.

어휘 늘리는 법
언어의 한계는 세계의 한계다
박일환 지음

30년간 국어 교사로 일한 시인이자 소설가인 박일환 선생이 언어와 어휘에 대한 자신의 관점과 함께 사고를 확장하는 도구로서 어휘를 대하고 늘릴 수 있는 방법을 정리한 책. 교사로서 문학가로서 오랜 기간 관심을 가지고 탐색하고 고민한 언어와 어휘에 대한 다양한 주제가 가닥가닥 담겨 하나의 줄기를 이룬다. 결국 언어와 어휘를 생각한다는 것은 자신과 세상과 삶을 생각한다는 것임을, 단단하면서도 유연한 사고로 어휘를 늘려 나가다 보면 폭넓은 교양과 사고를 아우를 수 있게 됨을, 저자는 저자 자신의 글로 보여 준다.

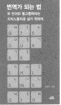